LO QUE SE HABLA EN LO SECRETO

Conozco al Pr. Adolfo como pocos tendrán el privilegio de hacerlo. Él no es solo mi hermano, sino uno de mis mejores amigos y fiel compañero de ministerio. Él escribe este libro con autoridad; una autoridad ganada diariamente desde su juventud, cuando empezó a servirle al Señor. Dios lo ha usado en gran manera para impactar muchas vidas, y le ha dotado de una capacidad muy peculiar para escuchar y conocer Su voz. Al leer y meditar en las Reflexiones de este libro, sentirás estar conversando con un amigo íntimo, quien está dispuesto a escucharte más que juzgarte; y serás inspirado a buscar de Él y a lograr grandes resultados.

Pr. Emilio Agüero Esgaib
Fundador y Pastor principal, Iglesia "Más que Vencedores"
Asunción, Paraguay

La lectura de este libro será de gran bendición para todo aquél que lo lea; ya que basado en La Biblia, su autor va hilando relatos de su experiencia personal con la diaria intimidad con el Creador. Se nota que es un gran conocedor de las Escrituras. Su lenguaje simple, vivaz y ameno, hacen que el lector se deleite y crezca en el conocimiento del Señor. Concuerdo con Adolfo en que solo *en lo secreto* y en una íntima relación con Dios es donde somos transformados por Él.

Apreciado lector, le animo a bucear en las páginas de este libro para vivir la fascinante experiencia de un encuentro transformador con el Todopoderoso.

Pr. Rubén Proietti
Director de la Asociación Evangelística
Luis Palau para Iberoamérica
Presidente de ACIERA y de la AEL
(Alianza Evangélica Latinoamericana)
Buenos Aires, Argentina

Son esos momentos íntimos con Dios *en lo secreto* los que salvan la familia, devuelven los hijos al corazón de sus padres, y traen convicción al hombre y a la mujer en una pareja, para volver a ser "uno" bajo el propósito de Dios desde la creación. Es *en lo secreto* donde abrimos nuestros corazones, nos arrepentimos y perdonamos para restaurar nuestras vidas. Es allí donde levantamos una fe capaz de devolvernos la paz, y dejar a nuestras generaciones el legado del gran amor de Dios para sus hijos.

Aprovecha las lecciones de Adolfo Agüero Esgaib *En lo secreto*, practícalas, y entiende que esa reunión con Dios a la que no debes faltar, es tu garantía para la vida personal y familiar que Dios siempre ha deseado para ti.

Pr. Jimmy Cornejo
Pastor, Centro Cristiano de Cuenca
Vice Superintendente Asambleas de Dios
Ecuador

Descubrir a Dios en lo secreto es lo que nos permite crecer integralmente, porque lo que cultivamos en secreto se manifiesta en público. Por eso estoy seguro que disfrutará leer a mi buen amigo Adolfo, porque expone en pensamientos cortos verdades que tendrán un gran impacto en su vida.

Dr. Sixto Porras
Director Regional de Enfoque a la Familia para Iberoamérica
San José, Costa Rica

Adolfo es un escritor para este tiempo. Cuando las personas quieren todo fácil, práctico y rápido, ya que vivimos en el tiempo de comida rápida, teléfonos inteligentes y donde todo es más resumido, el Pr. Adolfo Agüero pega, atrae con sus libros, ya que son fáciles de leer, sencillos, pero a la vez concentrados y nutritivos. Recomiendo este libro *En lo secreto* como un alimento diario indispensable para tu vida.

Walter Reguerín
Pastor principal, Iglesia El Camino.
San Clemente, CA, EEUU

En lo secreto es un libro que todo seguidor de Cristo debería tener en su mesa de noche. Adolfo ha logrado plasmar en cada capítulo una carga que contagia con osadía desbordante, pasión profunda e intenso amor por la vida y la familia y, sobre todo, por Dios. Le animo a sumergirse en la sabiduría divina desplegada *En lo secreto*.

Prs. Guillermo y Milagros Aguayo
Pastores fundadores de la Iglesia La Casa del Padre
Fundadores de Salvemos la Familia
Lima, Perú

En lo secreto nos brinda Reflexiones consoladoras para todas las personas que viven en días tan estresantes como los de hoy. Se lo agradecemos, amado Pastor Adolfo, porque realmente necesitamos saber que tenemos protección divina, que Dios es nuestro escudo, nuestra paz, nuestro aliado, y que necesitamos tener fe y seguir avanzando ante los desafíos de la vida. Su libro *En lo secreto* nos muestra todo esto de una manera clara y bíblica. Recomiendo este libro como lectura para todos los días.

Ap. Rubens de Matto
Director General, Grace Brasil
San Pablo, Brasil

Querido lector, te insto a sumergirte en este suculento banquete literario que nos ofrece mi amigo y hermano, Pastor Adolfo Agüero Esgaib, por medio de su libro *En lo secreto*. Adolfo nos regala valiosos fragmentos de su aprendizaje espiritual, así como de sus vivencias en la fe, retándonos a no conformarnos a una relación superficial con Dios. Te invito a hacer este libro parte de tu vida devocional, pues conozco bien que la pluma del escribiente, mi amigo Adolfo, es sumamente confiable, honesta, pero sobre todo, está dirigida por la mano del Todopoderoso.

Benjamín Rivera
Pastor, Cantautor de *Mis años invisible*
San Juan, Puerto Rico

Adolfo nos da en el libro *En lo secreto*, una serie de devocionales prácticos y profundos que nos da muchas de las respuestas a dilemas naturales de la vida diaria. En una forma intuitiva y pensante nos motiva a vivir la vida que Dios desea darnos, sabiendo que Dios está de nuestro lado. Este es un recurso fantástico para cada uno de nosotros.

Ap. Darío Parish
Director General, Gracia Internacional
Houston, EEUU

Al leer este libro, encontrarás la llave a la bendición; tendrás una cita privada con el Rey de Reyes. Él nos espera todos los días para hablar. Somos nosotros los que no acudimos al lugar secreto por diferentes razones. Este libro te ayudará a que nunca dejes de acudir a tu gran cita…. Felicito a mi amigo, el Pr. Adolfo Agüero Esgaib. Lo conozco bien, conozco su corazón, y me consta que este libro está lleno de grandes experiencias y Palabra de Dios.

Evta. Juan Cruz Cellammare
Presidente, Asociación "Vuelve a Soñar"
Lambaré, Paraguay

El mayor título que tenemos es ser llamados hijos de Dios. Cuando somos conscientes de esto nuestra perspectiva de vida cambia. Mi buen amigo Adolfo, a quien admiro y respeto, ha logrado plasmar en cada página de este libro una guía que nos enseña los beneficios que tenemos al acceder la presencia de Dios. Es *En lo secreto* donde hay paz, revelación, amor, sanidad y dirección. Gracias, Adolfo, por este libro que nos acerca al corazón del Padre, donde hay vida y esperanza.

Stephanie Campos Arrieta
Autora de *El valor de la espera* y *Transformación profunda*
Comunicadora y Coach de vida
San José, Costa Rica

EN LO SECRETO

Reflexiones para grandes resultados

ADOLFO A. AGÜERO ESGAIB

WHITAKER
HOUSE
Español

A menos que se indique lo contrario, todas las citas de la Escritura han sido tomadas de la *Santa Biblia, versión Reina-Valera 1960*, RVR, © 1960 por las Sociedades Bíblicas en América Latina; © renovado 1988 por las Sociedades Bíblicas Unidas. Usadas con permiso. Todos los derechos reservados. Las citas de la Escritura marcadas (RVR 1995) son tomadas de la *Santa Biblia, versión Reina Valera 1995*, 95® © Sociedades Bíblicas Unidas 1995. Usadas con permiso. Todos los derechos reservados. Las citas de la Escritura marcadas (NTV) son tomadas de la *Santa Biblia, Nueva Traducción Viviente*, NTV, © 2008, 2009 Tyndale House Foundation. Usadas con permiso de Tyndale House Publishers, Inc., Wheaton, Illinois 60189. Todos los derechos reservados. Las citas de la Escritura marcadas (NVI) han sido tomadas de la *Santa Biblia, Nueva Versión Internacional*®, NVI®, © 1999 por la Sociedad Bíblica Internacional. Usadas con permiso. Todos los derechos reservados. Las cursivas y negritas son énfasis del autor.

Editado por: Ofelia Pérez

En lo secreto
Reflexiones para grandes resultados

ISBN: 978-1-64123-065-0
eBook ISBN: 978-1-64123-066-7
Impreso en los Estados Unidos de América
© 2018 por Adolfo A. Agüero Esgaib

Whitaker House
1030 Hunt Valley Circle
New Kensington, PA 15068
www.whitakerhouse.com

Por favor, envíe sugerencias sobre este libro a: comentarios@whitakerhouse.com.

Ninguna parte de esta publicación podrá ser reproducida o transmitida de ninguna forma o por algún medio electrónico o mecánico; incluyendo fotocopia, grabación o por cualquier sistema de almacenamiento y recuperación sin el permiso previo por escrito de la editorial. En caso de tener alguna pregunta, por favor escríbanos a permissioneditor@whitakerhouse.com.

1 2 3 4 5 6 7 8 9 10 11 12 ŁIJ 25 24 23 22 21 20 19 18

DEDICATORIA

A Andrés. Recuerda que, sin importar la situación por la que estés atravesando, Dios siempre estará en lo secreto esperándote, y todo saldrá bien.

Te ama… Papá.

AGRADECIMIENTOS

Laura: gracias por tu amor. Este libro es tuyo también, ya que somos uno. Confieso que cuando se me olvida —por alguna situación de la vida o por el ajetreo diario o por cualquier motivo— entrar en lo secreto con mi amado Dios, eres tú quien me hace recordar lo importante que es buscarlo en lo secreto. Gracias por tus consejos y tu aguante, por tu renuncia a tantas cosas, por apoyarnos desinteresadamente a mí, a tus hijos y a todos los que te rodean. Estoy seguro de que Dios lo mira con agrado y sonríe. Te amo.

A mi familia. Mis padres me inspiran y sus enseñanzas quedarán eternamente en mi ser. A mis hermanos amados, Emilio y Lili, Salmi y Marcelo, Hito y Dudi, Cafi, Antonio y Tania, Dios me bendijo con sus vidas; me desafían todos los días. A mis suegros, Don Rojas y Ña Cele, antes que nada gracias por su hija, que es una gran ayuda idónea para mí, y gracias por su cariño y apoyo de siempre. Gracias, mi gran familia: cuñadas, primos, tíos, amigos y amigas. Dios me bendice con sus vidas.

A la Iglesia Más Que Vencedores, de Asunción - Paraguay, mi casa y mi familia espiritual. Gracias por el apoyo de siempre.

A mi Editorial, Whitaker House Español, por su respaldo. Con la frente en alto y alegría cuento, adondequiera que voy, autor de dónde soy. Son un regalo de Dios y un canal de bendición, no solo para mí, sino para miles.

Nuevamente, a ti, querido lector, gracias por apoyarme siempre. Espero que este material sea de mucha bendición para tu vida.

Sobre todas las cosas, quiero agradecer a Dios. Gracias por las oportunidades que me das, gracias por estar ahí siempre en toda situación. Todo lo que realizo en mi vida es por pura gracia inmerecida que me das. Públicamente te doy la gloria y la honra porque eres el único que se la merece. Gracias por escogerme a pesar de mí. Tu amor y misericordia me alcanzaron. Soy siempre tuyo.

A todos... simple y profundamente, ¡gracias!

"Es ahí mi Dios, en lo secreto, donde te buscaré, y no importa el día, la hora, el lugar o en qué situación me encuentre, sé que ahí te veré y todo estará bien".

Adolfo A. Agüero Esgaib

CONTENIDO

INTRODUCCIÓN

¿Alguna vez te encontraste en la necesidad de una palabra de consejo, consuelo, esperanza o fuerzas? ¿Quisiste reunirte a solas con alguien que supiera cómo ayudarte, y que te guíe, te asesore, te dé una estrategia para poder salir de una situación o entrar en otra? ¿Alguna vez quisiste que alguien te dijera las cosas tal cual son, sin máscaras ni diplomacia, ni falsedad –te guste o no lo que te pueda decir–, pero que lo haga con amor y sinceridad? ¿Deseaste, por un instante, que solamente te escucharan y no dijeran nada, que aunque sea por una vez no te juzgaran y que te comprendieran en serio? ¿Soñaste con un momento y un lugar donde solo puedas descansar y tener una genuina paz?

Quiero decirte que ese lugar y esa persona existen. Esa persona no solamente existe, sino que también te está esperando ahí, **en lo secreto**. Estoy seguro de que ahí encontrarás las respuestas a muchas preguntas, dirección a muchas salidas y entradas, consuelo y esperanza. Ahí encontrarás también una confrontación sana y constructiva que te mostrará las cosas del carácter y la vida que deberías mejorar o cambiar. Ahí encontrarás transformación.

Escribir este libro fue una verdadera bendición. Aquí pude plasmar consejos y reflexiones que fui recibiendo, por pura gracia, cuando pasaba tiempo con Él **en lo secreto**, meditando en Su Palabra. De ahí el título del material.

Estoy seguro de que estas pequeñas reflexiones y consejos tendrán un impacto muy grande en tu vida, si es que los pones en práctica. Además, mi deseo es que cada reflexión te sirva como un detonador que encienda una pasión de buscar a Dios y de

Dios en la intimidad, y dejar que Él te hable de una manera especial y personal.

La Biblia dice en Mateo 6:6: *"Mas tú, cuando ores, entra en tu aposento, y cerrada la puerta, ora a **tu Padre que está en secreto**; y tu Padre que ve **en lo secreto** te recompensará en público".*

Son reflexiones en las cuales plasmé esos momentos que tuve **en lo secreto** con mi amado Dios. No necesariamente están escritas en un orden específico, pues cada reflexión es independiente. El material está elaborado de una forma particular que te permitirá leer desde donde quieras o de acuerdo con tu necesidad. No importa en cuál reflexión empieces, continúes o termines.

Son 52 reflexiones porque pensé en la cantidad de semanas que tiene un año y, si así lo deseas, puedes leer una por semana y terminar el libro en un año. O, si así lo prefieres, puedes leerlo todo en un día, una semana o un mes. No importa. Lo importante es que lo leas, medites en lo que dice y que lo pongas en práctica diariamente. Estoy seguro de que será de mucha bendición y te traerá luz, esperanza y dirección en muchos temas de la vida donde las necesites.

Al finalizar cada reflexión, verás que incluí dos preguntas. Te invito a meditar en lo que recibiste del Señor durante este rato de comunión, escribir lo que escuchaste de Él, y poner en palabras lo que recibiste que debes hacer con respecto a su consejo. Esto te ayudará a vivir y apreciar los resultados de hablar con Dios **en lo secreto.**

Gracias por leer este material y -como digo siempre y es mi deseo- espero que este libro sea una bendición para todos los que lo lean.

Que Dios te bendiga siempre.
Adolfo A. Agüero Esgaib

EL AÑO AGRADABLE

"A predicar el año agradable del Señor."

LUCAS 4:19

¿Qué significa la palabra *agradable*? Según el diccionario, la palabra *agradable* significa "que gusta, que resulta bueno o placentero". Esto me lleva a la pregunta: ¿Cuál es, entonces, el año que en serio es agradable? Y como creyentes, entendemos y leemos en la Biblia que el año agradable es el año que agrada a nuestro Dios. Esto nos tendría que llevar a la tercera y última pregunta: ¿Cuál es el año agradable del Señor? Según las Escrituras, lo que agrada a Dios es que hagamos su voluntad. El año agradable del Señor es aquel donde rendimos nuestra voluntad, deseos, sueños, metas y objetivos a los suyos.

Hacer la voluntad de Dios cada día, cada semana, cada mes y cada año, en todo momento, es lo que le agrada a Él y es lo que nos conviene a nosotros. Y eso es cuando hacemos obedientemente y con fe, todo lo que Él nos pide. ¿Tienes fe? Porque si quieres agradar a Dios, la debes de tener. La Biblia en Hebreos 11:6 dice: *"Pero sin fe es imposible agradar a Dios; porque es necesario que el que se acerca a Dios crea que le hay, y que es galardonador de los que le buscan".*

Acércate a Dios con fe o no lo hagas; así de directo y sencillo. Porque ya sabemos que sin ella es imposible que le agrades; pero si lo haces con la fe adecuada, a Dios le agradará y viviremos a la vista de un Dios que nos sonríe. Y si Dios nos sonríe con agrado, ¿no nos bendecirá también en todas las demás cosas?

Piensa y hazte estas preguntas, no importa en cuál mes del año estés ahora: ¿Cuál es el propósito para este año? ¿Cuáles son las metas que agradan a Dios para mi vida personal, mi familia, mi ministerio, mi trabajo, y todas las demás áreas? Dios no es el

Señor de algunas cosas, Él es el Dios de todas las cosas. No podemos dejar en sus manos algunas áreas y otras no. Él espera todo de nosotros porque Él lo dio todo por nosotros. No es un "Dios a medias", Él es el Dios de todo. Todo está bajo Él con soberanía y poder.

Hagamos que este año sea el año agradable a Dios en nuestras vidas, buscando y haciendo su voluntad; llevando esperanza donde no la hay, y libertad a los cautivos por el pecado y la culpa; predicando de Él no solo con palabras, sino con actos de fe y obediencia. Estoy seguro de que a Dios le agradará y nos ayudará siempre.

Recuerda:

¡Sé obediente y encara este día como el primero del mejor año de tu vida! Este es un año de obediencia agradable a Dios donde su voluntad se cumplirá y será un tiempo inolvidable para ti y para los tuyos. ¡Levántate sin miedo! ¡Levántate con fe!

¿Qué me dijo Dios?

_____

_____

¿Qué debo hacer?

_____

_____

MIRA HACIA ADELANTE

"Y Jesús le dijo: Ninguno que poniendo
su mano en el arado mira hacia atrás,
es apto para el reino de Dios."

Lucas 9:62

Ninguno significa ninguno. Nadie. Es una palabra radical, y emitida nada más y nada menos que por el hijo de Dios mismo, Jesucristo.

No hay opción, no podemos mirar hacia adelante si nuestra vista está en el pasado. La posición de los ojos en el cuerpo humano es muy reveladora. Están al frente, en el rostro, de modo que solo y siempre miremos hacia adelante. No están en la nuca ni en la espalda para ver que pasó atrás, qué pasó ayer.

Cristo nos recomienda que siempre miremos adelante. El pasado ya quedó atrás, tanto lo bueno como lo malo. ¿Por qué dejar lo bueno atrás también? Porque nos hace "dormir sobre nuestros laureles", como dice el dicho. Nos hace descansar en victorias pasadas y no nos permite luchar por nuevas y mejores batallas que vendrán. Nos anestesia a buscar nuevas victorias viviendo en las viejas que pasaron. No está mal recordar. Lo malo es que muchos no solo recuerdan, sino que viven ahí, en esas victorias, y no trabajando por nuevos triunfos que pueden venir.

¿Por qué dejar lo malo atrás? Parece que está demás decirlo, porque creo que todos lo sabemos, pero aquí les va: porque lo malo, el rencor, la culpa, los malos recuerdos, no nos permiten avanzar, pues nos llenan de miedo e incertidumbre. Dios vino a perdonarnos todos nuestros pecados y también a quitarnos la culpa para avanzar sin cargas hacia un mejor futuro, un futuro lleno de su gloria y su propósito.

Empieza cada día con "saldo en cero", y perdona al que tiene que ser perdonado. Pide perdón a quien tienes que pedirlo, y mira de una vez por todas al frente. Enfócate en lo que está por venir.

Dios siempre tiene nuevos objetivos, desafíos y victorias para ti. Están al frente, están adelante, en el mañana. Te esperan, agárrate de Dios y avanza con fe hacia ese destino que tiene para ti.

La Biblia dice en Isaías 43:18 y 19: "*No os acordéis de las cosas pasadas, ni traigáis a memoria las cosas antiguas. He aquí que yo hago cosa nueva; pronto saldrá a luz; ¿no la conoceréis? Otra vez abriré camino en el desierto, y ríos en la soledad*".

Ya el pasado quedó ahí, en el pasado. Dios tiene cosas nuevas y mejores para tu vida. Él va a abrir camino en tu desierto y ríos en tu soledad. ¿Lo crees?

Recuerda:

Siempre hay un mejor mañana aunque no lo parezca. Si lo decides, crees en Dios y te aferras a Él, tu futuro será de bendición a pesar de las circunstancias que ves hoy. Lo que vendrá sanará lo que fue. Mira hacia el futuro libre de la culpa y del rencor. Mira el futuro con los ojos de Dios.

¿Qué me dijo Dios?

_____

_____

¿Qué debo hacer?

_____

_____

ESCUCHA SU VOZ

*"Mis ovejas oyen mi voz, y yo
las conozco, y me siguen."*
JUAN 10:27

U no conoce la voz de los que ama. No solo porque los ama, sino porque pasa tiempo con ellos. Hay una coherencia en decir que uno ama a alguien y le gusta estar con esa persona amada. Al pasar tiempo con él o ella lo conocemos y, al conocerlo, lo amamos cada vez más. Aceptamos los defectos que tiene y no podemos cambiar, y valoramos y apreciamos las virtudes que posee.

Reconocer la voz de alguien no se debe solo a que decimos que lo amamos, sino que conocemos su voz por haber pasado tiempo con él o ella. Lo mismo pasa con Dios. Si somos de Él, no tendríamos problemas en reconocer su voz, ya que nos suena familiar por las veces que le escuchamos hablar y compartimos con Él meditando en su Palabra y orando en su presencia.

Te pregunto ahora: ¿Conoces la voz de tu Salvador? ¿La reconoces entre tantas voces que escuchamos en la jornada? Espero que sí, porque Él te habla en todo momento y necesitas identificar claramente su voz de entre las demás. **Si escuchas su voz, Él podrá dirigirte, guiarte, aconsejarte, consolarte y confrontarte para que así puedas vivir una vida plena, con una visión clara de lo que verdaderamente importa.**

En un mundo con tantas distracciones, voces y opiniones es fundamental identificar la voz de nuestro Dios. Él puede hablarnos de diferentes formas, pero su voz será clara en el corazón y la cabeza. Es inconfundible, si la conoces.

En Apocalipsis 3:20 dice: *"He aquí, yo estoy a la puerta y llamo; si alguno oye mi voz y abre la puerta, entraré a él, y cenaré con él, y él conmigo".* No solo es importante reconocer la voz de Dios, sino también escucharlo y obedecerlo. Ábrele la puerta de tu corazón, de tu casa, de tu familia y todo lugar en tu vida. Él te promete que entrará y compartirá contigo. ¡Qué gran privilegio y alegría!

Pide a Dios hoy en oración que ponga en tu corazón buscarlo diariamente, anhelar su presencia y pasar tiempo en ella, y que te ayude a escuchar su voz y a través de ella conocer su voluntad y hacerla. Si lo haces de corazón, estoy seguro que Él te hablará y podrás oír su dulce voz y obedecerla. ¿Lo escuchas?

Recuerda:

¡Él te llama! ¡Qué gran privilegio! Seguramente lo está haciendo ahora a través de las líneas de este libro, o en lo que estás pensando en este instante. No lo sé, pero lo que sí sé es que te está llamando. Obedécelo y avanza con fe. Búscalo; estoy seguro de que puede ser hallado. Aprovéchalo.

¿Qué me dijo Dios?

_____

_____

¿Qué debo hacer?

_____

_____

REFLEXIÓN 4
BENDICE

"Bendecid a los que os persiguen;
bendecid, y no maldigáis."
Romanos 12:14

Entre los deberes cristianos aparece este hermoso y revelador versículo y mandamiento de nuestro amado Jesucristo. Nos llama a bendecir.

Bendecir para un creyente en Dios, un seguidor de Cristo, no es una opción, es una obligación. Es un mandamiento implícito ser personas que bendigan, incluso a aquellos que nos persiguen o buscan nuestro mal.

¿Difícil? Muy difícil, pero no imposible. Si Dios nos dice que lo hagamos, entonces Él también nos dará la fuerza para hacerlo.

Bendecir al que te hace bien, es fácil, y no solo es fácil, sino también reconfortante, ya que ¿cómo no querríamos el bien de alguien que nos desea lo mismo? Desearles bendiciones y pedir por esas personas es lo mínimo que podríamos hacer. Ahora bien, ¿desear bendiciones al que nos persigue? Eso es muy descabellado humanamente hablando. Es muy desafiante y hasta ilógico, pero Dios nos llama a hacerlo porque es eso lo que quiere, desafiarnos a ser mejores que aquellos que nos perjudican o quieren hacerlo. Eso es ser un cristiano, bendecir a todos sin excepción, sin requisitos más que el hecho de nosotros tener al Espíritu Santo que nos guíe a hacerlo.

Jesús es nuestro mayor ejemplo. Él vivía lo que predicaba; su ejemplo de vida respaldaba sus palabras. Estando ya colgado del madero, de la cruz, Él oró y pidió a su Padre algo muy "ilógico", una locura para nuestra mente, algo que rompe totalmente con nuestro sentido de "justicia" que tenemos como seres humanos:

pidió para que su Padre perdonara a sus verdugos: *"Y Jesús decía: Padre, perdónalos, porque no saben lo que hacen"* (Lucas 23:34).

Me pregunto: ¿Quién haría lo mismo que Jesús hizo con sus enemigos? Es tan difícil, lo reconozco, pero él nos invitó a hacerlo; y no solo lo dijo, sino que dio ejemplo de ello. El perdonar y rogar por ellos es una forma de bendición ¡y además no cualquier bendición! Es bendecirlos a pesar de que no lo merecen.

Pues ahí está el desafío de este capítulo: bendecir a los que nos persiguen. Hacerlo nos eleva a otro nivel y estoy seguro que empieza una sanidad interior por el daño que estamos sufriendo o sufrimos.

Seamos hijos e hijas obedientes y bendigamos a todos, sin excepción. Estoy seguro de que esa bendición primero tocará nuestras vidas, y a nuestro Dios le agradará muchísimo.

Recuerda:

Sé más grande que tus problemas u ofensores; lleva bendición, perdón y oportunidad a aquellos que no quisieron dártelos. Que esta sea tu tarea para hoy y siempre. Esa bendición que humanamente se te hace tan difícil dar, regresará a ti asombrosamente multiplicada. Véncete a ti mismo, sé un repartidor de bendición, y serás un verdadero vencedor.

¿Qué me dijo Dios?

_____

_____

¿Qué debo hacer?

_____

_____

NUESTRA VIDA NO ES SOLAMENTE NUESTRA

*"Porque ninguno de nosotros vive para
sí, y ninguno muere para sí."*
ROMANOS 14:7

Cuando nacieron mis hijos entendí mejor aún que ya mi vida no era mía, que todo lo que hacía o dejaba de hacer ya no era solo mi bendición o problema. Necesariamente afectaba a los míos, a mi entorno, a mis amados.

Nuestra vida ya no es "nuestra vida". Primero que nada, vivimos por y para Dios; hacer su voluntad debería ser nuestra voluntad. En segundo lugar, vivimos por los nuestros; velar por su bienestar es fundamental.

En la actualidad vivimos en un mundo muy egoísta que, constantemente, busca lo suyo y no espera ver cómo servir a los demás. Frases como: "¡Es mi cuerpo!", "¡Es mi vida!", "Qué les importa lo que hago o dejo de hacer", hacen que el mundo se achique tanto que termina habiendo un solo habitante: YO. Y al ser aquel solitario ciudadano el único al que se debe complacer, tomamos las decisiones más egoístas posibles con tal de hacerlo feliz.

Un ejemplo de dar la vida por los demás y reconocer que esa vida va más allá de ser solo de una persona, es el ejemplo que dio nuestro amado Dios enviando a su hijo Jesús para que nos rescate. Fue el acto menos egoísta y de mayor amor que uno pueda encontrar en la historia de la humanidad. Él, siendo Dios, salió de su trono y gloria, vino a la tierra a ser como nosotros, compartir con nosotros y sobre todo a morir y resucitar por nosotros. Eso es amor: *"Porque de tal manera amó Dios al mundo, que ha dado a su Hijo unigénito, para que todo aquel que en él cree, no se pierda, más tenga vida eterna. Porque no envió Dios a su Hijo al mundo para condenar al mundo, sino para que el mundo sea salvo por él"* (Juan 3:16-17).

Dejemos el egoísmo (que aunque muchos no lo reconozcan, lo tienen), salgamos también de nuestras comodidades y de nuestros pequeños mundos. Vivamos sabiendo que representamos a muchos más que solo a nosotros y que nuestras vidas no son solo nuestras vidas.

Debemos entender que nuestra vida pertenece a Dios, y que luchamos por Él y por los nuestros. Eso nos debe animar a salir a la calle con fuerzas y firmeza sabiendo que, aunque muchas veces no parezca, nuestras decisiones y esfuerzo diario afectan a todos los que amamos.

Nuestra vida importa, nuestra vida vale, no solo por quienes somos o qué tenemos, sino debido a quienes pertenecemos y quienes nos aman.

Recuerda:

Encara así todos los días, vive dignamente y toma decisiones sabias, sabiendo siempre que lo que hagas jamás te afectará solamente a ti, sino que también a muchos otros que te rodean y aman. ¡Dios te bendiga!

¿Qué me dijo Dios?

_____

_____

¿Qué debo hacer?

_____

_____

HAZ EL BIEN

*"No nos cansemos, pues, de hacer el bien; porque
a su tiempo segaremos, si no desmayamos."*
GÁLATAS 6:9

Vivimos en un mundo en donde la mayoría de las personas
están alejadas de Jesucristo, de Dios. Hacen lo que les parece, y normalmente lo que les parece termina siendo malo y
egoísta.

Dios nos llama a hacer el bien. Nos desafía a no cansarnos de hacerlo, pues conoce nuestra naturaleza que siempre tiende a hacer
lo incorrecto, lo malo.

En un mundo tan injusto y difícil, uno tiende a cansarse de ir
contra la corriente y hacer lo bueno, lo que agrade a Dios. Pero
nuestro amoroso Dios nos alienta a que no nos cansemos de hacer, buscar y vivir el bien.

Él sabe que los resultados, seguramente -y en muchos casos- no
serán inmediatos. Por eso, cual hincha de algún deporte, nos da
ánimo para que prosigamos sin cansarnos a marcar la diferencia
con lo bueno.

Nuestra es la promesa detrás de esta orden de hacer el bien. No
importa cuánto tarde, no importa cuán difícil sea hacerlo, no importa si las personas nos juzgan y hasta nos tratan de tontos o
tontas por hacerlo, nuestra promesa por no cansarnos de hacer
el bien es que, si no desmayamos, vamos a segar a su tiempo los
beneficios de haberlo hecho correctamente.

Pero atiende bien; no será a nuestro tiempo... ¡será a su tiempo!
y estoy seguro de que eso implica que será en el mejor momento
de todos.

Recuerda claramente y tenlo presente siempre: *"Todo tiene su tiempo, y todo lo que se quiere debajo del cielo tiene su hora"* (Eclesiastés 3:1).

Todo será cuando tenga que ser y nuestro Dios lo designe. Nuestro trabajo es creer y no desmayar en hacer el bien y lo correcto ante los ojos de nuestro amado Padre. Hacer el bien y hacerlo bien siempre es fundamental. Mientras esperas, hazlo en la presencia de Dios. Espera en Él. ¡No te canses!

Estoy seguro de que no importa cuánto sacrificio implique hacerlo, la cosecha será mucho mayor de lo que nos imaginamos, ya que el omnipotente Sembrador nos prometió que llegará, sí o sí.

Ten por seguro que tu tiempo llegará; Dios tiene un tiempo perfecto para todo. Mientras tanto, te lo vuelvo a repetir para que se te grabe en tu mente y tu corazón: no te canses de hacer el bien. Ya llegará la temporada de segar.

Recuerda:

Toma fuerza y sigue peleando, sigue haciendo el bien, sigue haciendo lo correcto. Cree en las promesas de Dios y obedece sus mandamientos. Dios te prometió que a su tiempo, si no decaes, segarás, y si Él lo dice, ¡Él lo cumplirá! Él nunca miente. ¡Haz el bien! ¡Segarás lo que esperas!

¿Qué me dijo Dios?

_____

_____

¿Qué debo hacer?

_____

_____

REFLEXIÓN 7
NO TE ENGAÑES

*"No os engañéis; Dios no puede ser
burlado: pues todo lo que el hombre
sembrare, eso también segará."*

GÁLATAS 6:7

Miren algo curioso: ¿Por qué aquí dice: "No te engañes"? Parece raro, pero no lo es. Es sencillo; realmente a nadie podemos engañar. Todos se dan cuenta de nuestras mañas o "maquillaje" de las cosas; tarde o temprano nos pillan. Y si no podemos engañar por un rato o por mucho tiempo a las personas que nos rodean y conocen, personas falibles y limitadas como nosotros, ¿qué nos hace pensar que a Dios sí lo podemos engañar o burlar? ¿Al Rey del Universo, al omnisciente, omniconsciente y omnipotente Dios?

De ahí la conclusión bíblica de que no nos engañemos. Porque si no podemos engañar a las personas y menos a Dios, nos daremos cuenta de que los únicos que creen nuestras mentiras, excusas o engaños somos nosotros mismos.

No hay nada que podamos esconder de Dios. La Biblia dice en Mateo 9:4: *"Y conociendo Jesús los pensamientos de ellos, dijo: ¿Por qué pensáis mal en vuestros corazones?"*. Jesús conoce hasta nuestros pensamientos, sabe lo que hay en lo más profundo de nuestros corazones.

Al creer y ser los únicos que pensamos que lo que decimos es cierto, nos estamos engañando, y ese engaño no nos permite salir del pecado, de la mediocridad, de la flojera o de cualquier cosa mala que vivimos o pensamos, y no nos permite avanzar hacia una vida plena, una vida que agrada a Dios.

Al ser sinceros con Dios y nosotros mismos, podemos realmente darles una salida a todos aquellos malos hábitos, adicciones, fracasos, depresiones y dolores que tenemos. Reconocer que estamos mal y que no podemos solos ante esta situación no nos hace débiles, sino todo lo contrario, nos hace más fuertes porque nos ayuda y desbloquea la mente para, a partir de ahí, buscar ayuda ante la situación que vivimos. **Con ayuda podemos darle un punto final a lo malo y un punto de partida e inicio a cosas buenas y mejores.** Un comienzo a la esperanza.

Debemos salir de esa burbuja y sincerarnos con Dios; pedirle su ayuda y misericordia para que nos quite de ese engaño donde nosotros mismos nos metimos. Solamente reconociendo eso podremos salir de ese pozo, y ahí realmente podremos vivir en libertad y rumbo hacia muchas cosas mejores.

Sé sincero, primeramente con Dios (ya que no podemos engañarlo), y eso te ayudará a ser sincero con los demás y, principalmente, contigo mismo. Al fin y al cabo, es para nuestro bien. Dios nos ayude siempre.

Recuerda:

No podemos pretender ser sinceros con los demás si no somos sinceros con nosotros mismos. Reconocer e ir con la verdad es algo que agrada a Dios y nos ayuda a cambiar para bien siempre. ¡No te excuses ni justifiques más! Reconoce los errores, aprende de ellos y avanza a la conquista de cosas mejores.

¿Qué me dijo Dios?

_____

_____

¿Qué debo hacer?

_____

_____

NADA OCULTO

*"Yo conozco que todo lo puedes, Y que no
hay pensamiento que se esconda de ti."*
JOB 42:2

Cuando alguno de mis hijos viene frente a mí con una cara de "yo no fui", ahí mismo sé que él fue.

Sé que habrá hecho algo que no debía, pero sé que si viene a mí es porque sabe que tiene que decírmelo y también sabe que soy el que puedo ayudarle o darle seguridad.

Sé que hizo algo que no debía, pero no sé qué específicamente pudo haber sido o cuál fue sinceramente la intención de su corazón al hacerlo. Soy hombre, un ser humano limitado, no lo puedo saber todo, y menos aún qué tienen en su corazón las personas. Pero amo a mis hijos y ellos saben que estoy ahí para escucharlos y ayudarlos.

¡Pero qué alivio me causa saber que no hay nada que pueda hacer o pensar yo y ocultarlo de Dios! ¿Por qué es un alivio? Porque puedo entrar en su presencia sin querer o necesitar aparentar nada, ni querer camuflar o justificar algo. Sí, solo debo entrar con un corazón contrito y humillado y sé que Él me va a recibir, escuchar y perdonar.

El sistema del mundo te exige, prácticamente te obliga a que guardes una apariencia que sea aceptada por ellos, o bien te puedes aislar de todos, ya que bienvenido no serás, o si te aceptan será para juzgarte o burlarse.

Al sistema de este mundo no le importa lo que sientas, no le importa que por dentro te estés carcomiendo, siempre y cuando guardes las apariencias y "encajes" dentro de los círculos sociales o dentro del engranaje superficial que ofrece. Lo importante para ellos es no olvidar "la máscara" en casa.

Sin embargo, Dios te dice hoy que entres en su presencia seguro para hablar con Él de todo, sin miedos a que se sorprenda por algo que le confieses o digas, sin máscaras, así tal cual eres, y Él se encargará del resto.

Él sabe quién eres, sabe lo que eres capaz de hacer. Él es Dios, a Él no le asusta nada, Él lo creó todo y sabe cómo funciona cada cosa que creó.

No solo lo sabe y nada se esconde de Él, sino que también tiene el poder de perdonarnos y hacer todas las cosas nuevas y mejores. Él es un Dios de oportunidades y gracia para un corazón arrepentido.

Él te quiere y te va a dar una oportunidad, no solo porque es Dios todopoderoso y misericordioso, sino también porque te ama.

Recuerda:

Entra todos los días ante Dios sin máscaras, sin tratar de ocultar o aparentar algo. Hazlo así porque no hace falta que entres de otra manera, ya que Él lo conoce todo. Siéntete cómodo o cómoda, ya que no hay la presión de guardar la apariencia ante Él, y una vez en su presencia abre tu corazón en paz. ¡Qué bueno es saber que hay una Persona a quien podemos acudir así como somos, y nos recibirá! ¡Qué reconfortante es saber que de esa audiencia saldremos mejor de lo que entramos!

¿Qué me dijo Dios?

_____

_____

¿Qué debo hacer?

_____

_____

CREE

*"Jesús le dijo: Si puedes creer, al
que cree todo le es posible."*
MARCOS 9:23

Qué palabras más contundentes de Jesús, absolutas y radicales: *"Si puedes creer, al que cree TODO le es posible"*. Dice todo, no dice algunas cosas, o muchas cosas; ahí dice TODO le es posible. Es una muy fuerte declaración, firme y desafiante.

¿Quién lo dijo? Es la pregunta que se desprende al escuchar este tipo de declaraciones. Y está bien preguntarnos esto y considerar la fuente de donde emanó. No lo dijo un gran empresario o deportista exitoso, tampoco el gobernante o presidente de alguna nación, ni algún personaje histórico simplemente, o algún filósofo griego estudiado en universidades.

Lo dijo Jesucristo, el Hijo de Dios, el que con su solo nacimiento dividió la historia de TODOS en un antes y después (aC/dC). No importa qué religión o creencias profeses, o si te gusta o no; no importa tu estatus social o cultural, no importa en qué país o región hayas nacido; seas ateo, agnóstico, musulmán, budista, mormón, cristiano, rico o pobre, americano, asiático, europeo, oceánico o africano, no importa nada. Él dividió la historia de la humanidad y, si te queda alguna duda, mira algún calendario y verás un año; esa fecha que figura ahí es porque hace esa cantidad de años que nació Jesucristo.

Este es mi versículo favorito, el que tomé para mí: Marcos 9:23. Cada vez que las dificultades, problemas o decepciones llegan, Dios me hace recordar este versículo y me alienta al saber que, si creo, en serio, TODO ES POSIBLE.

Lo tomé desde la primera vez que lo leí y ya nunca lo solté. Supe en ese mismo instante que esta declaración era un regalo de Dios para mi vida. Toda la Biblia lo es, pero este versículo en especial, yo sabía que era para mí. Y quiero decirte que no tengo la exclusiva, también puede ser el tuyo. Aunque creo que no se trata de que yo te lo ofrezca, sino más bien de que Dios te muestre cuál es el tuyo y lo vivas. ¿Ya lo sabes? ¿Cuál es tu versículo de cabecera? Es importante tener el tuyo. Si no lo tienes, pídele a Dios que te lo muestre y te lo dé. Te va a ayudar mucho, hazlo hoy.

Jesucristo. Fue Él quien pronunció tan contundente declaración y versículo. No fue cualquiera ni tampoco un simple hombre... **Yo lo creo y lo viviré.**

Recuerda:

¡Que tu fe supere y vea más allá que cualquier miedo o duda que tengas!

Te desafío a que creas. A que creas en serio. A que te atrevas a creer contra todo pronóstico. Los resultados, déjalos a Dios.

¿Qué me dijo Dios?

_____

_____

¿Qué debo hacer?

_____

_____

BUSCA LA PAZ

"Si es posible, en cuanto dependa de vosotros,
estad en paz con todos los hombres."
ROMANOS 12:18

Buscar la paz es un deber y una obligación cristiana fundamental. Dios nos manda a hacerlo claramente, no solo aquí, sino en varias partes de la Biblia, desde el libro de Génesis hasta Apocalipsis.

Una de las formas de buscar la paz con los demás es perdonando y pidiendo perdón. Sabemos que no es fácil. Sabemos que no podremos, seguramente, estar bien con todos por una cuestión de la naturaleza pecaminosa humana, pero Dios, consciente de eso, igual nos manda a buscar la paz con todos.

No podremos cambiar el concepto o preconcepto que muchos tendrán hacia nosotros, pero sí podemos cambiar el concepto o preconcepto que nosotros tenemos hacia muchos. Ese sí es nuestro deber y es nuestra obligación como hijos de Dios. Lo podemos hacer.

¿Cómo lo hago? Orándole a Dios, pidiéndole fuerzas y humildad, y decidiendo hacerlo valientemente. Yo también fui, varias veces, víctima de traiciones, difamaciones y deslealtades por parte de personas a quienes les di mucha confianza, personas que jamás pensé me pagarían así tantas cosas que hice por ellas. Pero yo también he lastimado a más de uno con mis actitudes equivocadas y orgullo; sembré en sus corazones decepción y dolor, pero después de lidiar con mi orgullo y asumir mi deber cristiano, consciente de que eso "estorbaba" las bendiciones y el agradado de mi amado Dios y de alguna manera afectaba mi interior y mi exterior, decidí perdonar y, sobre todo, pedir perdón. Hay un dicho popular que dice: "Errar es humano, pedir perdón y perdonar es divino". Así es. Solo Dios puede darnos el valor y la humildad para hacerlo.

Perdonar y pedir perdón no es solo libertad para nuestro ofensor, es también libertad para nosotros.

Si lo hacemos, aunque al comienzo sea muy difícil, a la larga será un alivio muy grande para nuestra vida.

Otro beneficio de perdonar es que podemos recibir también el perdón de Dios y, si no perdonamos, entonces, ¿quiénes somos para pedir perdón a Él?: *"Porque si perdonáis a los hombres sus ofensas, os perdonará también a vosotros vuestro Padre celestial; mas si no perdonáis a los hombres sus ofensas, tampoco vuestro Padre os perdonará vuestras ofensas"* (Mateo 6:14-15). Si perdonamos, estaremos también siendo obedientes al mandato de nuestro Dios, y estoy seguro que a Él le agradará y nos bendecirá por ello.

Recuerda:

Perdona y pide perdón. Ambas cosas son señales de arrepentimiento, humildad y dependencia. Cuando perdonas, Dios derrama sobre tu vida aquello que necesitamos más que cualquier cosa: gracia y misericordia. Perdona y… ¡sé libre!

¿Qué me dijo Dios?

_____

_____

¿Qué debo hacer?

_____

_____

BASES FIRMES

*"Cualquiera, pues, que me oye estas palabras,
y las hace, le compararé a un hombre
prudente, que edificó su casa sobre la roca."*

MATEO 7:24

Camino a casa hay muchas construcciones nuevas, edificios muy altos y atractivos que hermosean un paisaje urbano de primer nivel. Realmente es impresionante cómo en pocos años la zona donde vivo cambió tanto.

Recuerdo que cuando muchos de estos edificios empezaron a construirse eran espacios baldíos que se cerraron con grandes murallas protectoras de chapa y madera. Todos los días pasaba por enfrente de estos terrenos con grandes paredes y carteles que mostraban lo que ahí se estaba construyendo y lo que terminarían siendo: hermosos y altos edificios corporativos, hoteles o departamentos para vivienda.

Corrieron las semanas y los meses y yo pasaba siempre por ahí de ida o de salida de casa. Entraban y salían camiones con materiales o escombros, albañiles con herramientas, etc., pero nunca veía que se levantaba nada. Ya pasaba (para mi gusto, que no entiendo nada de construcción) mucho tiempo como para no verse algo levantándose sobre esa valla protectora. Y a causa de mi duda me preguntaba: "¿Será que en serio están construyendo algo? ¡Esto ya está tardando demasiado!".

Pregunté a amigos ingenieros qué consideraban ellos que estaría pasando ahí. Me explicaron que estaban trabajando sobre la base de lo que sostendría el edificio. Que según el estudio del suelo que habrían hecho, tendrían que cavar tan profundo como para encontrar tierra sólida para, desde ahí, construir la base y levantar la edificación. Mientras más alto el edificio, más profunda tendría que ser la base. Entendí.

Al cabo de poco tiempo ya empecé a ver el primer piso de lo que sería el edificio. Cada vez que pasaba, la obra empezaba a cobrar nuevas alturas y avanzaba de manera acelerada, muy rápida. Es que la base ya estaba construida sobre una roca y como una roca, levantar el edificio sobre la misma ya era una cuestión más sencilla y mucho más rápida. Y sobre todo, segura.

Usando esta historia quiero explicarte que no hay base más segura para construir nuestras vidas, nuestro día a día, que en Jesucristo y su Palabra. Jesucristo es nuestra roca donde confiadamente podemos edificar un presente y un futuro de bendición. A modo de aclaración: no estamos exentos de problemas, tormentas o dificultades, pero, como dice en este versículo, si edificamos sobre la roca, que es Jesucristo, no va a caer jamás.

Antes de empezar algo, cerciórate de que lo que hagas esté construido sobre la roca y no sobre la arena. Así como los edificios cerca de mi casa, aunque aparentemente no se vea nada rápido, llegará el momento en que tu vida crecerá a causa de la firmeza de tu base: Jesucristo y su Palabra.

Recuerda:

Empieza a construir tu vida y la de los tuyos sobre una base firme, solida, inamovible, sobre la piedra angular, sobre la roca que es Jesucristo y su Palabra. Sé que verás cómo se levanta de ella una vida nueva que alcanzará nuevas alturas. Vendrán tormentas o terremotos, pero la vida que construiste sobre esa roca no caerá jamás.

¿Qué me dijo Dios?

_____

_____

¿Qué debo hacer?

_____

_____

REFLEXIÓN 12
FUENTE DE CONSEJOS

"Escudriñad las Escrituras; porque a vosotros
os parece que en ellas tenéis la vida eterna;
y ellas son las que dan testimonio de mí."

JUAN 5:39

Aquí tenemos una clara exhortación de parte de Jesucristo acerca de escudriñar la Palabra de Dios. ¡Hay tantos motivos razonables y espirituales de por qué hacerlo! En las escrituras, por ejemplo, encontramos consejos de todo tipo para nuestra vida, la familia, principios económicos, educación de nuestros hijos, cuidado de nuestra salud y cuerpo, y muchas otras cosas que, de seguro, nos ayudan a vivir más y mejor.

Pero sobre todo, en su Palabra encontramos Vida Eterna. Nos explica el camino que debemos seguir, que es Jesucristo y las enseñanzas que nos dejó, y cómo vivirlas y llevarlas adelante.

Es la Biblia la que habla de Dios y de sus mandamientos y consejos. La Biblia nos da el camino a la vida eterna porque la Palabra misma de Dios tiene vida: *"Porque la palabra de Dios es viva y eficaz..."* (Hebreos 4:12).

Qué importante es leer y estudiar la Palabra de Dios todos los días, aprendérnosla y meditar en ella en todo momento, ya que es un manual de instrucciones para el ser humano y mucho más para el creyente en Dios. **La Biblia es un compendio de libros que, juntos, acumulan miles de año de sabiduría y experiencia.** Sobre todas las cosas, la Biblia está escrita con sangre e inspirada por el Espíritu Santo de Dios.

Es tan clara la Palabra de Dios en Josué 1:8: *"Nunca se apartará de tu boca este libro de la ley, sino que de día y de noche meditarás en él, para que guardes y hagas conforme a todo lo que en él está escrito;*

porque entonces harás prosperar tu camino, y todo te saldrá bien". Inclusive en Salmos 1:2 lo dice: *"Sino que en la ley de Jehová está su delicia, Y en su ley medita de día y de noche".* Si meditamos en ella, la analizamos, buscamos entenderla y luego la guardamos, viviendo sus preceptos, entonces todos nuestros caminos, pensamientos y áreas de nuestras vidas prosperarán y todo saldrá bien.

En un mundo sin rumbo no hay mejor lugar donde buscar una guía clara que en la Palabra de Dios. Al aplicarla en nuestras vidas, estoy seguro, nos ahorraremos muchos problemas, tendremos muchas bendiciones, nuestras vidas se llenarán de esperanza y propósito, conoceremos más a Dios y sus designios; y sobre todo, tendremos vida eterna a través de Jesucristo, que al fin y al cabo es lo que verdaderamente importa.

Recuerda:

No existe mejor consejo que el que recibimos de la Persona más sabia del universo. Esos consejos y guías se encuentran compendiados en la Biblia. Léela y vívela, y te aseguro que tus decisiones, no importa cuáles sean, te llevarán por el camino correcto, y tendrán repercusiones eternas.

¿Qué me dijo Dios?

_____

_____

¿Qué debo hacer?

_____

_____

UN DIOS BONDADOSO

"Y yo os digo: Pedid, y se os dará; buscad,
y hallaréis; llamad, y se os abrirá."

LUCAS 11:9

Dios me dio el regalo más hermoso que pude recibir: soy padre de unos hermosos hijos. Cuando ellos nacieron, mi vida cambió por segunda vez. La primera vez fue cuando me encontré con mi salvador Jesucristo y tomó mi vida y necesidad de Él, y me dio su gracia y misericordia infinita y eterna.

Desde ese día que mis hijos nacieron, mis prioridades cambiaron radicalmente. Todo lo que hago, pienso o digo es considerando cómo podría afectarlos a ellos, a mi familia. Lógicamente, Dios siempre está primero, pero detrás, inmediatamente, entra mi familia.

Cuando me piden algo, trato de complacerlos, siempre y cuando no signifique malcriarlos. Lo interesante es que, cuando ellos nos piden algo, a mamá o a papá, entendemos que es porque saben en su corazón inocente y creyente que solo nosotros podemos cubrir ese pedido o esa necesidad. Somos sus proveedores y ellos confían en nosotros de que tendremos el tino de escuchar su pedido, analizar si conviene o no y dárselo.

Ellos son muy pequeños todavía, no saben si lo que nos piden es caro o no, bueno o no, peligroso o no, solo saben que, si tienen algún deseo o necesidad, a quienes tienen que recurrir es a papá y a mamá. Eso me da tanta alegría porque, en el contexto de esta Palabra, es en el libro de Lucas que el evangelista usa la expresión: ¿cuánto más vuestro Padre que está en los cielos dará buenas cosas a los que le pidan? Es decir, si solo queremos hablar de cosas buenas, sin mencionar al Espíritu Santo.

Jesús usa el ejemplo del padre que jamás le daría algo malo si le piden sus hijos algo bueno, y de igual manera buscamos proveer lo mejor para los que amamos. Luego lo compara con Dios, diciendo que Él, siendo bueno, cuánto más daría el Espíritu Santo a los que le pidan.

Esa paz tengo cuando me acerco a mi Padre celestial a buscar consejo o consuelo en cualquier cosa. Sé que Dios me pide que sea con Él como mis hijos son conmigo, que mi proveedor exclusivo es Él, y que confíe en que me escuchará, analizará y responderá mi oración, según Él considere qué es lo que más me conviene. Entendí que la fe no es que Dios hará lo que yo le pida, entendí que la fe es confiar que Dios hará lo correcto siempre.

Aquí Jesús responde a una pregunta de sus discípulos sobre cómo orar. Orando uno consagra y pide a Dios las cosas. Debemos hacerlo y entregar de esa manera a Dios todas nuestras áreas.

Pide a Dios con un corazón humilde, que Él tome en sus manos tu vida. Él te dará a su Santo Espíritu para que te guíe, te consuele, te dé esperanza, te ayude en todo momento y en toda situación.

Dios es un padre bueno, Dios es amor. No dudes en acercarte a Dios en oración ante cualquier situación. Él está esperando escucharte y también que lo escuches.

Recuerda:

Hoy ponte de rodillas donde estés leyendo esto y busca en Dios todo aquello que por imprudencia o error pensaste que lo hallarías fuera de Él. Pídele perdón y luego ábrele tu corazón sin temor ni vergüenza. Él sabe lo que te conviene y, sobre todo, te ama. Si hay alguien a quien recurrir sin miedo y con fe de que estará ahí cuando lo busques, ese es Dios. Él está a solo un clamor de ti. Todo te saldrá bien.

¿Qué me dijo Dios?

_____

_____

¿Qué debo hacer?

_____

_____

UNA ORDEN SUPERIOR

"Aquel día, cuando llegó la noche,
les dijo: Pasemos al otro lado."
MARCOS 4:35

Dios nos dio una misión, no solo para este día, semana, mes o año, sino para la vida misma. Algo que cumplir. Algo que llevar a cabo.

Será alcanzar una meta. Dejar un mal hábito. Llevar a cabo un nuevo proyecto o revivir uno viejo. Restaurar cosas que se han dejado como están, y necesitan renovarse. No lo sé. Si tú no lo sabes, deberías preguntárselo a Dios.

Lo que sí sé es que hay una orden superior dada. Como en esta historia: "Pasemos al otro lado". Esta historia cuenta cómo Jesús dio una orden, una orden directa: Pasemos al otro lado.

Pero eso no evitó que se levantara una gran tormenta. Una gran tempestad de viento, dice. la Biblia. Vientos que levantaban grandes olas que llenaban la barca y que ya casi la estaban hundiendo.

Tenemos que entender que aun cuando Dios mismo ya te dijo que hagas algo y Él te envía a que lo hagas, no quiere decir que será fácil. Dios te dijo, te ordenó que te santifiques, dejes esos vicios, restaures tu matrimonio y perdones a tus enemigos o al que te ofendió y falló. Dios te dijo que está contigo y sanará tu cuerpo, restaurará a tu familia, traerá a tu hijo de vuelta a casa, restaurará tu economía, te ayudará en tu vida. Fue Dios quien te lo dijo.

Pero, a pesar de la orden clara, se levantó esta tormenta en tu vida. Una tormenta que intentará hundir el barco y contradecir la orden dada.

Los vientos en nuestra vida son aquellas cosas que, a pesar de la orden de Dios de cruzar al otro lado, se levantan para tratar de truncarnos el viaje, la conquista, la victoria. Esos vientos son muy fuertes, las tormentas muy grandes y, vez tras vez, tratan de hundir nuestros sueños, buenos hábitos, conquistas, proyectos, negocios, familias, matrimonios y nuestras vidas.

Pero si confiamos en nuestro Dios, el barco no se hundirá y cumpliremos su propósito en nuestras vidas. Actuemos con fe en Él, hagamos lo que debamos hacer y dejemos que la tormenta sea disipada por Dios. Él calma la tempestad.

Marcos 4:39 dice: *"Él se levantó, reprendió al viento y ordenó al mar: ¡Silencio! ¡Cálmate!' El viento se calmó y todo quedó completamente tranquilo".*

Tranquilo, las tormentas de tu vida tienen un final y mientras Jesús este en tu barca, esta no se hundirá. Ya llegará la calma.

Que hoy sea el día en que decidas cruzar aquello que hace rato no te animas a hacerlo y te roba la paz. Toma la promesa de Dios y su orden de cruzar al otro lado, y anímate a cruzar de una vez por todas. Dios te bendiga y ayude.

Recuerda:

La orden fue dada. Cruza con fe al otro lado; que las tormentas no te asusten ni te detengan. Si Dios te lo dijo, Él lo hará. Ten paz.

¿Qué me dijo Dios?

_____

_____

¿Qué debo hacer?

_____

_____

TEMPESTAD DE VIENTO

"Pero se levantó una gran tempestad
de viento, y echaba las olas en la barca,
de tal manera que ya se anegaba."
Marcos 4:37

Tal como hablamos en la Reflexión anterior, Jesucristo dio una orden de pasar al otro lado. Pero eso no evitó que la tormenta viniera y tratase de impedir que esa orden se cumpliera. Soplaron vientos fuertes que hacían que las olas cubrieran la barca.

Ahora bien, ¿cuáles pueden ser esos vientos en contra de nuestras vidas? Esos vientos que se levantan para tratar de impedir que se cumpla con la misión que Dios nos encomendó. Algunas de las fuentes donde nacen esos vientos son:

Las personas a nuestro alrededor: llama a esas personas como quieras: familia, amigos o extraños. Muchas veces están ahí para decirnos que no se va a poder, que quiénes nos creemos para aspirar a algo así. Cierto, algunos lo hacen por amor, no quieren que nos ilusionemos y nos frustremos cuando fracasemos una vez más; no quieren vernos sufrir nuevamente.

Otros lo dicen por subestimarnos. No nos creen con la capacidad suficiente para pelear esa batalla y ganarla. Y otros directamente por envidia; no quieren que salgamos adelante antes de que ellos lo hagan, o bien no quieren que alcancemos algo porque ellos quieren ser los únicos que lo lograron. Son como oraciones antagónicas que se levantan como tormenta para derribarnos. La maldad de muchos son vientos muy fuertes que buscan derribarnos y dejarnos en el piso.

Los vientos de las circunstancias: "Mira dónde nací. Quiénes son mis padres, hermanos e hijos"; "Estamos en este país. ¡Aquí no hay oportunidades!"; "Ya la enfermedad está muy avanzada".

Y puedo dar más ejemplos de circunstancias y entorno nuestro que se levantan poderosamente contra la orden que dio nuestro amado Dios.

Aparentemente, esas voces son reales. Se las puede ver todo el tiempo a nuestro alrededor. Así también fue la tormenta que vivieron los discípulos en la barca. Era real. Estaba ahí, hacía agua la barca... PERO una orden superior fue dada: "*Pasemos al otro lado*".

Los vientos de los fracasos pasados: "¿Qué? Ya lo intenté antes varias veces y no lo logré. ¿Para qué intentarlo de nuevo?", decimos, ¡hablando contra una orden de Dios de ir a intentarlo de nuevo!

Esas voces están ahí constantemente. Son como alarmas que se activan cada vez que queremos emprender algo nuevo o mejor. Cada vez que queremos intentarlo, suenan. Nos torturan y nos quieren someter. Nos quieren dejar en el pasado para que no miremos la orilla que está en frente, al cruzar.

Los vientos de mi cabeza: "Soy un inútil. No puedo hacerlo. Cuántas veces lo intenté, y nada. Nací para ser así, para vivir así". Estas son las peores frases porque nos constituimos en nuestros propios y verdaderos verdugos, peligrosos enemigos. **Nos boicoteamos, abandonamos nuestras metas sin antes empezarlas. Creemos más en lo que pensamos que en lo que Dios dice.** ¡Y eso es un hecho muy grave!

Te invito a que venzas con oración, fe y obediencia a estos vientos y cumplas la orden de Dios sobre tu vida; cumplas ese propósito que Él te dio por gracia y en amor.

Recuerda:

Te espera una gran bendición y nuevos desafíos del otro lado. No es la última tormenta que enfrentarás, pero tampoco es la tormenta que te detendrá o te hundirá, si lo crees y te agarras de Dios y sus promesas. No importa el origen de los vientos y las tormentas que se levantan en contra tuya para hundir tu vida. Lo que importa es que Dios está contigo y su orden fue dada: llegarás hasta el final.

¿Qué me dijo Dios?

_____

_____

¿Qué debo hacer?

_____

_____

BUSCAR CONSEJOS

*"Bienaventurado el varón que no
anduvo en consejos de malos..."*
SALMOS 1:1

Ahora ya existen los GPS o Sistema de Posicionamiento Global. Uso esta herramienta cuando me muevo en lugares que no conozco. Tengo el aparato y también el mapa y la aplicación en mi móvil. Pero hay veces que necesito preguntar el camino, para saber si es que estoy manejando por el correcto o no. ¿A quién le pregunto? Uno normalmente pregunta a un transeúnte que ve pasar por la calle. Yo personalmente busco una parada de taxis de la zona y pregunto ahí; no hay como el taxista para que te indique una dirección donde sea, y más aún si es en su zona.

Si no encuentro una parada de taxis, busco vecinos de la zona que estén frente a sus casas para que me lo indiquen, ya que si viven por ahí han de conocer mejor el barrio que alguien que -como yo también- solo esté pasando por ahí.

Aprendí estos pequeños *tips* después de haber preguntado varias veces a las personas del destino al que tenía planeado llegar.

En la vida es algo similar. **Debemos saber a quién pedir consejos o directrices para seguir el camino que nos trazamos en esta vida. No preguntarle a cualquiera.**

Si para que me orienten acerca de por dónde tendría que manejar para llegar a algún lugar me tomaba el tiempo de escoger a las personas más idóneas para hacerlo, me pregunto: ¿Cuánto más tendríamos que tener en cuenta a quién pedimos orientación o consejo para decidir rumbos y cuestiones de la vida? ¿No te parece?

¿Dónde te detienes a pedir dirección en el camino de tu existir? ¿A quién pides consejos para tu vida? Cualquier consejo, en cualquier área, no importa.

La Biblia, en el libro de Isaías 28:29 (NVI), dice sobre Dios y sus consejos: *"También esto viene del Señor Todopoderoso, admirable por su consejo y magnífico por su sabiduría"*. Dios es admirable, magnífico en consejos y sabiduría. ¡Aprovechémoslo!

Que tus consejos vengan de Dios mismo o de personas de fe, temerosas de Dios y de sus designios, que te amen profunda y desinteresadamente y que tengan más experiencia que tú. Que su testimonio de vida sea probado y que sean guiados por el Espíritu Santo. Estos son algunos requisitos que me gustaría que tengas en cuenta para pedir consejo a alguien. Y, sobre todo, para que esos consejos funcionen, hazles caso.

Recuerda:

Atiende bien a quién pedir consejos en la vida. Hoy y siempre, en los caminos de la vida hay que saber bien dónde buscar dirección; hay que preguntarle al que sabe. El mejor consejo que puedes recibir, aparte del de Dios, viene de alguien quien te ama, ama a Dios, y tiene en cuenta sus principios y preceptos.

¿Qué me dijo Dios?

_____

_____

¿Qué debo hacer?

_____

_____

NUESTRO ESCUDO

*"Mas tú, Jehová, eres escudo alrededor de
mí; mi gloria, y el que levanta mi cabeza."*
SALMOS 3:3

Qué hermosa declaración del salmista: Jehová es escudo alrededor de él, y es el que levanta su cabeza; Él es su gloria.

Ante momentos difíciles debemos recordar este versículo muy claramente. Tengamos tener presente que Dios nos guarda de una manera especial, como hijos suyos que somos, así como lo hizo con David.

Si analizan la vida de David, sus luchas, problemas o situaciones difíciles, se darán cuenta de cómo Dios lo guardó, lo protegió, e incluso, como dice este salmo, levantó su cabeza.

Hay dos maneras de interpretar esta parte de "levantar su cabeza": una, que es la que la mayoría piensa, es que Dios le levantó frente a sus enemigos, lo honró cuando estos solo lo querían ver tirado, pisoteado, humillado y derrotado en el piso. La otra forma de ver esta parte del salmo es que Dios no solo se puso de escudo entre él y sus enemigos, sino que también lo alentó a no desesperarse al ver que venían por él y la cosa no pintaba muy bien.

Dios no solo nos guarda. Dios también nos honra frente a su enemigo Satanás y a las situaciones o problemas difíciles que atravesamos. También Él alienta nuestros corazones y nos insta a no desesparnos.

Es que Dios es así. Es un Padre amoroso para sus hijos, a quienes le gusta alentar también. En la Biblia encontramos versículos de apoyo en el Antiguo Testamento, como por ejemplo en Isaías 41:10: *"No temas, porque yo estoy contigo; no desmayes, porque yo* soy tu Dios que te esfuerzo; siempre te ayudaré, siempre te sustentaré con la diestra de mi justicia". Y también en el Nuevo Testamento, en Filipenses 4:13: *"Todo lo puedo en Cristo que me fortalece".* Recorriendo la Biblia encontraremos muchísimos más versículos y momentos donde vemos a nuestro Padre Celestial alentando y dando ánimo a sus hijos, a su pueblo y a sus siervos.

Encara de esta manera y con esta actitud tu día a día. No te bases en las circunstancias, en lo que te rodea. No importa lo duro de la batalla o lo grande y fuerte de tu rival, siempre -y que quede claro- SIEMPRE, Dios será tu escudo si habitas en su presencia y le das la gloria y honra a Él por todo lo que hizo, hace y hará contigo y los tuyos.

Recuerda:

Quiero aclararte de vuelta, por supuesto, algo de lo que ya te diste cuenta. La vida no es fácil y las luchas son muy duras. La batalla es feroz y los dardos del enemigo en ocasiones llegan como ráfagas de metralleta contra nuestro existir. PERO recuerda esto y grábalo en tu corazón: Dios es tu escudo. Él es tu gloria. Él es quien levanta nuestra cabeza. Ten paz y confía. La victoria está cerca.

¿Qué me dijo Dios?

_____

_____

¿Qué debo hacer?

_____

_____

HAZ MISERICORDIA

"Él dijo: El que usó de misericordia con él.
Entonces Jesús le dijo: Ve, y haz tú lo mismo."
LUCAS 10:37

Cuando Jesús contó la parábola del Buen Samaritano, quería enseñar a sus discípulos algo muy valioso, algo que en esencia es lo que Dios mismo aplicó con nosotros: misericordia.

Dios pide esto en Miqueas 6:8: «*Oh hombre, él te ha declarado lo que es bueno. ¿Y qué pide Jehová de ti? Solamente hacer justicia, y hacer misericordia, y humillarte ante tu Dios".* Estas palabras van dirigidas a toda la raza humana. A ti y a mí se nos está ofreciendo misericordia por igual y nos pide que la demos por igual. Aquí Miqueas le pregunta entonces a Dios en el versículo 7:18: «*¿Qué Dios como tú, que perdona la maldad y olvida el pecado del remanente de su heredad? No retuvo para siempre su enojo, porque se deleita en misericordia".* Claramente este pasaje muestra que Dios disfruta el ser misericordioso, y todavía otorga misericordia hoy en día. **En cada momento se puede ver su mano de amor ofreciendo y dando misericordia a todos, por pura gracia.**

Dios nos llama a ser misericordiosos con nuestro prójimo. ¿Quién es nuestro prójimo? Nuestro prójimo es cualquier persona a nuestro alrededor y, principalmente, aquellos que necesitan nuestra ayuda. Nosotros mismos somos prójimos de alguien más.

Las personas malinterpretan esta palabra: prójimo. Consideran que representa a algo que vale menos, que está necesitado o digno de lástima, y eso no es así. Prójimo, según el diccionario, es una persona, considerada respecto a cualquier otro ser humano. Es un individuo o persona cualquiera. ¡Todos somos prójimos! En otras palabras, es tu igual.

De esta manera Jesús nos enseña a aplicar misericordia con todos, sin hacer acepción de personas.

También nos muestra a través de esta parábola que no importa cuál sea tu situación. No hace falta que seas adinerado o pobre, culto o con poco conocimiento, conocido o anónimo. Ninguna situación importa, pues siempre hay algo que podamos hacer por los demás desde nuestra posición o situación.

Dios nos llama a ayudar a todos los que podamos, de todas las maneras posibles: material, espiritual, con servicio; y a hacer lo que podamos con el que lo necesita: perdonar, pedir perdón, extender un brazo amigo, etc.

Es nuestro deber como cristianos hacerlo. Dios lo hizo con nosotros. Nosotros deberíamos devolver el favor siendo misericordiosos con alguien más. Hoy es un buen día para aplicar misericordia, mañana también, y pasado... y todos los días de nuestra vida.

Recuerda:

Ayuda a los demás, prodiga misericordia al punto de disfrutarlo como Dios lo hace. Hoy tendrás muchas oportunidades de hacerlo; aprovecha todas las que puedas. Sé con los demás como querrías que sean contigo. Sé misericordioso con tu prójimo porque así lo es Dios contigo todos los días.

¿Qué me dijo Dios?

_____

_____

¿Qué debo hacer?

_____

_____

UNIDOS SOMOS MÁS FUERTES

*"…Todo reino dividido contra sí mismo, es
asolado; y una casa dividida contra sí misma, cae."*
LUCAS 11:17

La unidad es fundamental. La unidad es lo que nos mantiene fuertes, enfocados y atentos. Se dice que un famoso conquistador de la historia dijo una vez esta famosa frase: "Divide y vencerás". Y hay una triste verdad en esta declaración.

Satanás fue un ángel de luz en los inicios de su existir, un ángel tan hermoso y poderoso que creyó ser igual o mayor que Dios, su propio creador. A través de la murmuración y el reclutamiento de ángeles, quiso tomar el reino de Dios por asalto y erigirse él como dios sobre todo, uno nuevo. Pero la jugada le salió mal, el golpe que quiso dar fracasó y fue desechado él, junto con los ángeles que se le sumaron, por el mismo Dios. Hoy Satanás y lo demonios ya tienen su propio reino, pero es un reino derrotado y caído.

Él quiso dividir para vencer y gobernar, pero no lo logró porque Dios no conoce derrota.

Lastimosamente, la obra de Satanás aún no terminó. Él sigue con el mismo modo de operar, pero buscando nuevas víctimas. Entra en los hogares, entre las amistades, en las iglesias, en las empresas, en cualquier lugar donde vea armonía y unidad. Busca dividir para luego destruir por completo. No debemos permitirlo.

Las armas que utiliza para dividir y vencer son, por ejemplo: el orgullo, la falta de perdón, la poca comunicación, la desconfianza, el rencor, la envidia, el chisme, entre otras muchas más. Busca dividir para poder asolar y hacer caer.

Debemos velar en oración y amor por nuestros hogares, iglesias, amistades, proyectos, y todo aquello que consideremos que puede entrar como blanco del enemigo. Sobre todo, él quiere dividir y destruir nuestra relación con Dios, que es lo más importante.

Debemos ser prácticos y radicales con las armas a utilizar para proteger el reino que Dios nos dio. Algunas de las armas que podemos utilizar son: el amor, el perdón, la humildad, la confianza, la honestidad, el hablar de frente, la comunicación sincera y constante, la oración diaria, etc.

Estoy seguro de que, con la ayuda de Dios y utilizando sabiamente estas armas y consejos, no solo Satanás no podrá dividirnos, sino que seremos cada vez más fuertes y Dios siempre será el Rey y protector alrededor de nosotros. Unidos venceremos.

Recuerda:

Desarma al enemigo a quien muchas veces fuiste tú quien le proveyó aquel armamento. Véncelo con unidad a través de las armas que Dios te dio. Anímate a pelear la batalla, pero no lo hagas solo, hazlo siempre en unidad con Dios y con los que amas. Unidos llegamos más lejos y somos más fuertes.

¿Qué me dijo Dios?

_____

_____

¿Qué debo hacer?

_____

_____

SEAMOS GRATOS

*"Dad gracias en todo, porque esta es la voluntad
de Dios para con vosotros en Cristo Jesús."*
1 TESALONICENSES 5:18

¡Cuán importante es ser agradecidos! La gratitud no solo abre puertas, sino que también las mantiene abiertas.

Una persona agradecida muestra que es una persona humilde, que reconoce el valor de los demás, reconoce que la ayuda que le prestaron fue de bendición para su vida, no importa lo grande o pequeña de la misma.

Muchas veces la gratitud cae mejor que la paga. Estaría bueno hacer lo primero, lógicamente, sin dejar de hacer lo segundo.

El apóstol Pablo escribió a su discípulo y futuro sucesor, el joven Timoteo: «*Procura venir pronto a verme, porque Demás me ha desamparado...*». Sigamos el consejo de Pablo y no seamos ingratos.

En este mundo donde el estándar es usarte y alejarse como si nada, el ser agradecido es una virtud poco encontrada pero, seguro, muy valorada.

La persona ingrata tarde o temprano sufre a causa de su ingratitud; eso ocurre cuando la enfermedad, la miseria o la soledad llegan a su vida.

La Palabra de Dios nos anima a ser gratos. El apóstol Pablo dijo: *"Muéstrense agradecidos"*, y él mismo fue un modelo en cuanto a esto. Él siempre daba gracias a Dios e instruía a que también nosotros seamos gratos. *"Y la paz de Dios gobierne en vuestros corazones, a la que asimismo fuisteis llamados en un solo cuerpo; y sed agradecidos* (Colosenses 3:15). Y en 1 de Tesalonicenses 2:13 dice: *"Por lo cual también nosotros sin cesar damos gracias a Dios...*

Para ser obedientes y coherentes en cuanto a la gratitud, no basta solo con decir "gracias"; tenemos que **ser agradecidos**. Esto nos guarda de pensar que merecemos un trato especial y también de la envidia y o el celo, cosas que nos alejan de los demás y nos quitan el gozo.

Seamos agradecidos con hechos que demuestren una sincera gratitud y honra con aquellos que nos ayudaron en algún momento y de alguna manera.

Agradece primeramente a Dios por todo. Él es a quien primero debemos reconocer y agradecer porque siempre nos ayudó, siempre estuvo cerca de nosotros. Siempre nos dio todo. En Efesios 5.20 dice: *"Dando siempre gracias por todo al Dios y Padre, en el nombre de nuestro Señor Jesucristo"*. También a nuestras familias, empleados, colaboradores, amigos, socios, etc.; todos aquellos que, de alguna u otra forma, fueron y son de bendición en algún área para nuestras vidas y están ahí. Estoy seguro de que a Dios le agradará, y a las personas también, y en consecuencia las cosas saldrán mejor.

Recuerda:

Hoy es un buen día para empezar a ser agradecido con Dios y con aquellos que sabemos. La gratitud es humildad, reconocimiento y respeto. La gratitud es la llave que abre grandes puertas de oportunidades en la vida. Una vez abiertas esas puertas, esa gratitud se convierte en pesas que las mantiene abiertas.

¿Qué me dijo Dios?

_____

_____

¿Qué debo hacer?

_____

_____

DIOS ESCUCHA

"Jehová ha oído mi ruego; Ha
recibido Jehová mi oración."
SALMOS 6:9

Uno de los actos más descorteses, desagradables e incómodos en una conversación se da cuando alguien habla con otra persona y esta no le hace caso, o mira para otro lado. En pocas palabras, cuando no le presta la atención educada y adecuada que debería.

Suelo decir que lo "ningunea". Esta es una palabra que no creo que exista en ningún diccionario, pero es clara para describir este y otros momentos cuando alguien le resta importancia a la otra persona. De esta manera, uno puede sentirse o hacer sentir un "Don Nadie" a alguien.

Tengo una excelente noticia: Dios no es descortés, Él no nos "ningunea", Él no quiere hacer sentir "Don Nadie" a los que le buscan con corazón humilde. Cuando oramos, Él nos presta toda la atención. ¿Por qué? Porque le importamos mucho.

Él hizo y hace todo lo necesario para llamar nuestra atención. Dios quiere que pasemos tiempo con Él. Su mayor anhelo es que pasemos tiempo en su presencia. Siendo así, ¿no te parece que es un poco tonto pensar que cuando oramos Él no nos escucha?, ¿que Él mira a otro lado cuando buscamos su rostro?, ¿que a Él no le importan nuestros ruegos ni peticiones?

Ahora bien, Dios categóricamente escucha y lo sabe todo, pero aquí lo importante no solo es que nos escuche, sino que también nos preste atención y responda nuestras oraciones. Que esa oración no termine siendo solo un monólogo de parte nuestra, sino una conversación fluida de dos: Dios y yo. Para que esto ocurra y estar confiados de que Él está ahí prestándonos atención, es importante tener en cuenta lo que dice en 1 Juan 5:14 (NVI): *"Ésta es la confianza que tenemos al acercarnos a Dios: que si pedimos conforme a su voluntad, él nos oye"*. Debemos pedir conforme a su voluntad. Y esto es muy bueno porque siempre la voluntad de Dios será mejor, mucho mejor que la nuestra.

Aquí el salmista, en el Salmo 6:9, claramente nos dice que Dios sí oye nuestros ruegos y que sí recibe nuestras oraciones. ¿Condición importante? Un corazón humilde, arrepentido y lleno de fe en Él.

Me animaría a decir que si golpeamos la puerta del cielo de esta manera, no solo Dios la abrirá, sino que también nos invitará a pasar y a sentarnos con Él, el tiempo que queramos hablar, descargarnos de nuestras penas y cargarnos de su esperanza y fuerzas.

Recuerda:

¡Habla con Dios! Ponte sobre tus rodillas, dirígete a Él y abre tu corazón. Lee su Palabra. ¡Anímate! Tienes una cita, un café, una reunión con el creador del universo, te está esperando, quiere conversar, te quiere escuchar, lo hará y te hará sentir lo que Él siente por ti: que eres importante y te ama.

Hazlo, ora siempre. Dios te escuchará… y todo saldrá bien.

¿Qué me dijo Dios?

_____

_____

¿Qué debo hacer?

_____

_____

PENSAMIENTOS DE PAZ

*"Porque yo sé los pensamientos que tengo acerca
de vosotros, dice Jehová, pensamientos de paz
y no de mal, para daros el fin que esperáis."*
JEREMÍAS 29:11 (RVR 1995)

Vivimos en tiempos donde cada día pareciera ser que la vida se hace más dura, más difícil, y es ahí donde nos atacan en nuestra mente pensamientos que nos llenan de ansiedad, incertidumbre, preocupaciones... pensamientos que nos quitan la paz.

Cuando me encuentro en momentos de este tipo, momentos de preocupación y ansiedad, busco como en un archivo de computadora dentro mi cerebro, en mi memoria, una situación o una promesa, una Palabra de Dios que me devuelva esa tranquilidad, que me quite de ese estado. Uno de los primeros versículos que vuelan a mi mente y que Dios trae a mi memoria es este de Jeremías 29:11.

Qué bueno que nuestro amado Dios nos abra así su corazón y nos revele tan claramente sus pensamientos, lo que Él quiere y piensa de nosotros, de nuestro porvenir. Nos llena de su paz y nos devuelve la calma, a pesar de la tormenta. Sí, querido amigo y amiga, leyeron bien, A PESAR DE LA TORMENTA, porque el saber que Dios me ama y protege seguramente no hará que la tormenta desaparezca, pero sí logrará que entienda que no importa cuánto duren y cuán fuertes sean las tormentas, los problemas o las situaciones difíciles en nuestras vidas, sus pensamientos hacia ustedes y hacia mí son de PAZ y no de mal.

Y no solo eso, sino que nos dará un porvenir de esperanza, dice ahí. ¡Tenemos un futuro! Y no cualquier futuro, sino uno de esperanza.

Dios tiene solo pensamientos buenos para ti. Solo pensamientos de bien para ti. Dios piensa que saldrás de esa aflicción más fuerte. Dios piensa que podrás salir adelante a pesar de este problema, y aprenderás la lección para enseñar a otros a sobrellevarlos.

La Biblia dice en Isaías 55:8-9: *"Porque mis pensamientos no son vuestros pensamientos, ni vuestros caminos mis caminos, dijo Jehová. Como son más altos los cielos que la tierra, así son mis caminos más altos que vuestros caminos, y mis pensamientos más que vuestros pensamientos"*. Dios nos dice aquí que sus pensamientos son más altos que los nuestros; superan nuestras expectativas siempre. O sea: son buenos y, categóricamente, mejores de lo que podamos entender.

Enfrenta tu día a día con esa paz que Dios nos da y ten esperanza de que el porvenir está siempre bajo el control de Dios, y todo saldrá bien, siempre.

Recuerda:

Entiende que sus pensamientos son de bienestar para ti y que eso debe traerte paz. Pero entiende también que la paz que Dios nos da no es la misma que el mundo nos ofrece. Su paz va más allá de las circunstancias, sino que es a pesar de ellas. Llena tu mente y tu corazón de los pensamientos de Dios; pensamientos de paz, bien y esperanza para tu vida a pesar de las circunstancias. ¡Que esta promesa de Dios traiga esperanza a tu vida!

¿Qué me dijo Dios?

_____

_____

¿Qué debo hacer?

_____

_____

BUSCAR A DIOS A TIEMPO

*"Yo amo a los que me aman, Y me
hallan los que temprano me buscan."*
PROVERBIOS 8:17

Casi siempre, el que lee este pasaje lo relaciona con un devocional que debe realizar muy temprano por la mañana. De madrugada preferentemente. Antes de que el alba vaya regando los rayos del sol por la tierra. Antes de que los pajarillos canten a su Creador, y la propia creación, inmensa y hermosa, despierte a hacerlo también.

Si piensas así, que de esto habla el pasaje de Proverbios, estás en lo cierto. Ahora bien, la palabra temprano deberíamos aplicarla también de una manera más pragmática, no solo como un tiempo del día, sino también como un tiempo de la vida. Yo al menos, no solo entiendo que hay que buscarlo al amanecer, sino también buscarlo antes de que las cosas pasen.

Buscarlo cuando nadie más lo esté haciendo. Buscarlo temprano, para mí, significa hacerlo antes de que los problemas ataquen, antes de que las situaciones agobien, antes de que los momentos de alegría me hagan olvidar quién me los dio. En síntesis, no espero a que las situaciones manejen mi agenda de buscar y pasar tiempo con mi amado Dios.

Buscarlo en todo tiempo, para mí, significa hacerlo en todo momento, constantemente estar conectado con Él. Tanto en momentos buenos como malos; en momentos alegres y en momentos tristes; en momentos difíciles y en momento fáciles; en todo momento buscarlo temprano.

Sin importar mi estado interior ni exterior, mi comunión con Él debe ser constante e intensa: la mejor.

Hay una hermosa promesa en este pasaje de la Biblia: que si le buscamos lo antes posible, Él promete que lo encontraremos. Y además relaciona directamente el buscarle con el amor que le tenemos, y si le amamos, Él también promete corresponder ese amor con más amor, Su amor.

Claramente dice en la Biblia en el libro del profeta Isaías en el capítulo 55, versículos 6 y 7: *"Buscad a Jehová mientras puede ser hallado, llamadle en tanto que está cercano. Deje el impío su camino, y el hombre inicuo sus pensamientos, y vuélvase a Jehová, el cual tendrá de él misericordia, y al Dios nuestro, el cual será amplio en perdonar".* Búscalo con un corazón arrepentido, y estoy seguro que lo encontrarás esperándote.

Recuerda:

Búscalo siempre, antes que la cosas pasen y más aún después de que ya hayan ocurrido. Buenos o malos momentos no tendrían que definir tu cita diaria con Él.

¡Ama a Dios y demuéstralo buscándolo ahora! Si respiras, todavía hay tiempo.

Hoy es el día, ahora es el momento de buscarlo. Encuéntralo y no lo sueltes. Deléitate en Él, en su presencia. No existe mejor lugar ni mejor compañía. Ya lo verás.

¿Qué me dijo Dios?

_____

_____

¿Qué debo hacer?

_____

_____

POR LA GRACIA

"Pero por la gracia de Dios soy lo que soy; y
su gracia no ha sido en vano para conmigo,
antes he trabajado más que todos ellos; pero
no yo, sino la gracia de Dios conmigo."
1 CORINTIOS 15:10

Gracia: regalo inmerecido. Eso es lo que significa la palabra gracia en la Biblia. Un regalo inmerecido. Pero, ¿de quién y para quién? Por supuesto que de parte de nuestro Dios a través de su hijo Jesucristo para nosotros, los seres humanos. En Efesios 2:8 dice: *"Porque por gracia sois salvos por medio de la fe; y esto no de vosotros, pues es don de Dios"*.

La gracia es mucho más simple, pero profunda a la vez, que todo lo que yo o cualquiera podría tratar de escribir o explicar. Pero resumámosla en esto: la gracia habla de amor y perdón que implicó el mayor sacrificio del universo.

Pero quiero hablar ahora, no solo de la gracia que salva a la persona del infierno eterno, sino también de la gracia que cambia a la persona aquí en esta vida, en la tierra.

No es que sean dos cosas diferentes, o haya "dos gracias"; estamos hablando siempre de la misma gracia, hay una sola. Pero hago este paralelismo basándome también en lo que alguna vez leí que dijo el gran reformador protestante Martín Lutero. Léanlo atentamente, por favor: "La gracia que no ha cambiado tu vida no ha salvado tu alma".

Muy duro el hombre, ¿no? ¡Pero qué frase tan elocuente, directa y cierta! Habla claramente de que si tu vida no muestra frutos de arrepentimiento y salvación, realmente es difícil de creer que uno sea salvo en serio.

Ya lo decía el escritor de la carta a los Corintios, que si algo bueno somos y mostramos es porque la gracia de Dios nos alcanzó. La gracia de Dios se ve en aquella persona que fue salvada por la misma. ¿Cómo se ve? Simple y llanamente por su testimonio de conversión. Se nota el antes y después de una persona que fue tocada por el Maestro, por el Mesías, por su gracia. No estoy hablando de perfección, estoy hablando de un cambio visible, tangible, claro de la persona creyente.

Demostremos que esa gracia que decimos y testificamos que nos salvó, está actuando en nuestra manera de conducirnos en la vida. Esa será claramente la prueba de que nuestras vidas fueron tocadas por su Santo Espíritu y salvadas por Jesucristo.

Recuerda:

Que el regalo inmerecido de Dios nos salve y cambie. Si decimos ser salvos, actuemos como uno. Que nuestra vida y caminar prediquen de la gracia que nos salvó, y otros lo puedan ver, querer y abrazar. Que ese regalo para sus vidas les lleve salvación eterna y oportunidad.

La gracia que te salvó del infierno en el más allá es la misma que te ayudará a cambiar aquí. ¡Paz!

¿Qué me dijo Dios?

_____

_____

¿Qué debo hacer?

_____

_____

VISIÓN CLARA

"Antes que te formase en el vientre te
conocí, y antes que nacieses te santifiqué,
te di por profeta a las naciones."
JEREMÍAS 1:5

Qué importante es la visión. Pero no cualquier visión o propósito, sino la que Dios nos da para nuestra vida. En términos generales, la visión es la capacidad de ver más allá del tiempo y el espacio. Significa que veamos algo que otros todavía no logran ver.

Quiero que entiendas que cuando Dios te llama, es para darte un propósito muy claro para el cual fuiste creado.

En Jeremías 1:5 habla claramente de que Dios tiene una visión sobre nosotros. Él no hace nada por casualidad. Todo lo que Dios hace, lo hace por una causa eterna.

La Biblia dice en Proverbios 29:18: *Sin profecía el pueblo se desenfrena"*. En este caso, esta palabra profética se refiere a una visión de Dios para ellos, una meta, ya que la palabra profética habla de los planes de Dios que vendrán.

La visión nos permite vivir el presente con sentido; saber "a dónde queremos ir mañana" hace que se oriente mejor el "dónde estamos hoy".

¿Dónde nos vemos? ¿Cómo nos vemos en el futuro? ¿Haciendo qué? Son preguntas importantes que debemos hacernos para poder continuar con nuestras vidas. Te animo a que sueñes, a que visiones en grande eso que tienes en tu corazón hacer.

Sabemos también que la Biblia habla de que los propósitos de Dios prevalecen sobre cualquier otro: *"Puedes hacer todos los planes que quieras, pero el propósito del* Señor *prevalecerá"* (Proverbios 19:21 ntv). ¡Qué importante es conocerlos! Saber cuáles son los planes y visiones de Dios para nuestra vida nos ahorra muchos problemas, indecisiones, dudas, y nos enfoca más en aquello que realmente importa. Ese enfoque hace que lleguemos más rápido y redimamos así el tiempo, aprovechándolo mejor.

Recuerdo una historia que me contaron. Helen Keller era una famosa conferencista internacional, sorda y ciega desde los dos años. En una oportunidad, una periodista le preguntó qué era peor que estar ciega. Ella, sabiamente, le contestó: "Lo único peor a no tener vista es no tener visión".

Las personas con visión, los soñadores, son los que nunca dejan nada igual. Por donde ellos pasan, "pasa" algo.

Ahora, responde tú: ¿Cuál es la visión de Dios para tu vida y la de los tuyos? ¿Sabes claramente a qué te llamó Dios a hacer? ¿Cuál es el propósito que tienes en la vida?

Recuerda:

La visión es la capacidad de ver lo que los demás no ven. No puedes andar por la vida sin saber para qué naciste, cuál es tu visión clara en ella. El propósito te da vida en serio. Mientras no sepamos con claridad esa visión y propósito, sinceramente no vivimos, simplemente existimos. Dios nos llamó a más, a mucho más. Él nos llamó, no solo a vivir, sino a que tengamos una vida en abundancia, una vida que deje legados y huellas, una vida cerca de Él y sus propósitos. Dios tiene la respuesta... pregúntaselo.

¿Qué me dijo Dios?

_____

_____

¿Qué debo hacer?

_____

_____

PROTECCIÓN DIVINA

*"Jehová peleará por vosotros, y
vosotros estaréis tranquilos."*
ÉXODO 14:14

Cuando era adolescente, estudiaba en un colegio de varones muy grande. En ese lugar asistíamos diferentes tipos de jóvenes y entre ellos estaban los bravucones, los "buscapleitos".

Yo consideraba que estaba preparado para defenderme y dar pelea a la mayoría de los que estaban ahí y eran de mi edad, aun si eran un poco mayores. De hecho, me defendí en varias oportunidades saliendo airoso de las peleas. Es que yo era grande físicamente, sabía unas que otras cosas sobre defensa personal, ya que por orden de mi padre, mis hermanos y yo practicábamos artes marciales.

Pero, lea nuevamente, dije que con la mayoría podía defenderme, pero no con todos. Ese remanente que sí podía hacerme daño era un problema para mí, ya que querían molestarme a cada rato, y lo hacían. Yo no podía hacer nada.

Pero no contaban con mis hermanos mayores, especialmente con el que venía antes que yo, mi hermano Luis, al que apodamos "Hito" de cariño. Él estaba algunos grados más adelantado que yo. El mayor, Emilio, se había recibido del colegio y ya no estaba con nosotros.

Cuando me desafiaban a pelear las personas que sabían que yo no podía enfrentar, ya sea por mi edad o porque ellos eran más grandes y fuertes, llegaba mi hermano Hito a defenderme.

Él se enteraba de que algo pasaba y, de manera natural, venía en mi auxilio. Él actuaba porque yo era su hermano menor y necesitaba de su ayuda, además, sé que me amaba. Él sí podía defenderme de aquellos a los que yo no podía hacerles frente. Era un alivio saber que contaba con él ante cualquier situación que escapara de mis posibilidades.

Dios es así. Él pelea por nosotros en aquellas batallas que nos superan ampliamente, pero Él no lo hace como un hermano mayor, Él lo hace como un Padre amoroso que vela por nosotros. Él es un guerrero invencible. No le asustan nuestros problemas o adversarios más grandes y difíciles.

David nos aclara en Salmos 3:3 que Él es nuestro escudo, Él nos defiende de esas situaciones que nos quieren destruir, derribar y hasta matar.

No solo nos defiende, sino que levanta nuestras cabezas; eso quiere decir que nos honra frente a nuestros adversarios o problemas.

Me acuerdo que Hito me decía: "Quédate cerca mío, así nadie te va a tocar. ¡Vamos! Hasta llegar a un lugar seguro". Yo le hacía caso. Era una cuestión de supervivencia, digo yo. Ustedes me entienden.

Salmos 23:5 dice: *"Aderezas mesa delante de mí en presencia de mis angustiadores; Unges mi cabeza con aceite; mi copa está rebosando".*

Yo caminaba junto a él con la frente en alto, orgulloso, con el mentón arriba y pensando mientras miraba a los que querían golpearme: "A ver, ¿quién se anima ahora a pelear contra mí?". Sabía que el que me defendía era más fuerte y grande que los que querían lastimarme.

Ahora entiendo lo mismo que el Rey David pensó al escribir que Jehová venía a defenderlo. Él estaba feliz y seguro, no por quien era David ante sus enemigos o problemas, sino por quien estaba con él y ante ellos: Dios.

Dios está contigo, él es tu escudo y fortaleza en esta vida, ante cualquier situación o adversidad.

Recuerda:

Dios siempre está ahí. Si tan solo supieras de cuántas te guardó sin que te hayas enterado y de otras muchas que sí sabes, ya te darías cuenta, o no te olvidarías tanto, que todo está bajo su control soberano aunque muchas veces no lo entendamos. Al final de la pelea, Dios se encargará de levantar tu cabeza y llevarte a un lugar seguro. Simplemente, confía. ¡Él es nuestro guardador siempre!

¿Qué me dijo Dios?

_____

_____

¿Qué debo hacer?

_____

_____

NO LO CUESTIONES

*"Jesús supo lo que pensaban, así que les preguntó:
¿Por qué cuestionan eso en su corazón?".*
LUCAS 5:22 (NTV)

En el contexto de la historia, los fariseos empezaron a murmurar, hablaban entre sí, dice la Biblia, y comenzaron a poner en tela de juicio la divinidad de Jesús y lo que este podía hacer o no. En otras palabras, cuestionaban su poder y autoridad. Pero a Dios no se le puede esconder nada. Jesús sabía lo que pensaban estos hombres y los confrontó.

Dios lo sabe todo. Nada se le escapa. Partiendo de esa base, nuestro Dios ahora nos pregunta directamente: ¿Por qué cuestionan o piensan eso en su corazón?

Muchas veces, tenemos que sincerarnos, nosotros también hacemos lo que hicieron los fariseos: murmuramos con los demás, quejándonos en nuestros corazones de situaciones o problemas y dudando así del poder de Dios y de su autoridad.

Cuando las situaciones están difíciles, desesperadas y no vemos aparentemente que Dios esté haciendo algo, dudamos de su poder y autoridad. Observa bien el alcance de tus dudas, leyendo lo que es falta de poder y autoridad:

- **Falta de poder:** que no tiene la capacidad o facultad de hacer determinada cosa. No puede hacer nada al respecto, ya que la situación es más fuerte o más difícil de lo que él puede manejar.

- **Falta de autoridad:** que no tiene la facultad o el derecho de mandar o gobernar a personas o situaciones que están subordinadas o debajo de él.

Los fariseos decían que Jesús estaba blasfemando, en otras palabras, ofendiendo a Dios. Pero nosotros sabemos y reconocemos que Jesús es Dios y, por lo tanto, al decir eso, ellos eran los que ofendían a Jesús; a Dios mismo.

Si nosotros dudamos de su poder y autoridad también, estamos ofendiendo grandemente a Dios. Eso está mal. Eso sí es blasfemar contra Él.

Pensar que Él no tiene poder y autoridad sobre alguien o algo, dejar que nuestros problemas nos hablen más fuerte que nuestra esperanza en Dios, creer que Dios no puede ayudarnos ante tal o cual situación, dejar que la duda ocupe el lugar de la fe, murmurar con alguien o dentro de nuestro corazón, todas estas cosas son muy delicadas y graves. Estoy seguro de que esto ofende a Dios.

Arrepiéntete de esta actitud, pídele perdón en oración y cree en Él. Dios tiene autoridad y su poder es infinito ante cualquier situación, problema o persona.

Recuerda:

No dudes más. Ya Dios te demostró varias veces que Él no miente, que tiene autoridad sobre todo y que su poder es ilimitado. No ofendas a Dios dudando de Él. No te hagas preguntas en tu corazón que puedan terminar contaminando tu fe y llenándote de dudas. Él sabe lo que hace y cuándo lo hace. Ya no lo cuestiones más. Ten fe, descansa en Él y Él hará. Confía, cree y avanza.

¿Qué me dijo Dios?

_____

_____

¿Qué debo hacer?

_____

_____

ÉL OYE NUESTRO CLAMOR

"En mi angustia invoqué a Jehová, Y clamé
a mi Dios. Él oye mi voz desde su templo, Y
mi clamor llegó delante de él, a sus oídos."
SALMOS 18:6

Días grises, aunque el sol esté radiante en todo su esplendor, sin nubes que estorben sus rayos. ¿Cómo es posible entonces que sean días grises? Es que no estoy hablando del clima o la situación del tiempo; estoy hablando de nuestro interior, de la situación de nuestro corazón. Tú me entiendes.

Gritos desesperados y angustiosos que solo reciben respuestas que simplemente son su propio eco. Miradas perdidas dirigiéndose a todos lados como buscando algo o a alguien que les preste auxilio o apoyo, pero que solo encuentran soledad. Días grises que van oscureciendo nuestras vidas rápidamente.

Angustia, dice David. Desesperación indescriptible. Así como él: ¿quién no la tuvo alguna vez o quizá la sientes ahora que estás leyendo esto?

Preguntamos: ¿Quién podrá ayudarnos? Pensamos que humanamente nadie lo hará, o no lo puede hacer. David lo sabía y nosotros también lo sabemos. Pero hay una diferencia, algo que hizo él y que nosotros podemos hacer ahora: Él clamó a su Dios. Sí, él clamó a Dios ¡y nosotros también podemos hacerlo!

Es un alivio muy grande saber que hay alguien ahí para nosotros siempre, principalmente en nuestros momentos más difíciles, momentos que nos nublan el corazón y nos roban la esperanza. Debemos entender que, si clamamos con fe, Dios oye ese clamor y nuestras súplicas llegan a sus oídos.

El profeta Jeremías da fe y confirma que Dios mismo le dijo que Él escucha el clamor de los suyos: *"Clama a mí, y yo te responderé, y te enseñaré cosas grandes y ocultas que tú no conoces"* (Jeremías 33:3).

Ten muy en cuenta esto: Dios escucha el clamor de los suyos. David dijo: "Y clamé a MI Dios" y en Jeremías dice que Jehová le dio esa palabra a su pueblo. O sea, tenemos que ser de los suyos y Él oirá. ¿Cómo? Entregando nuestra vida a Jesucristo y arrepintiéndonos de nuestros pecados. Dios no puede dejar de escuchar un clamor de arrepentimiento y fe. Él lo oirá y lo responderá.

Cuando el Rey Saúl perseguía alocadamente a David para matarlo y lo tenía rodeado, David clamó a Dios, y Él lo escuchó y lo libró.

Estoy seguro de que también nos oirá y obrará a nuestro favor.

Recuerda:

¡Qué bendición saber que tú y yo podemos clamar a Dios desde cualquier lugar y en cualquier situación, y Él nos escuchará y nos brindará socorro! Su Espíritu Santo nos sostendrá. ¿Estás ante una situación difícil hoy? ¡Clama a Él con fe y Él te responderá!

¿Qué me dijo Dios?

_____

_____

¿Qué debo hacer?

_____

_____

SEAMOS EJEMPLOS

*"Respondió entonces Jesús, y les dijo: De cierto, de cierto
os digo: No puede el Hijo hacer nada por sí mismo,
sino lo que ve hacer al Padre; porque todo lo que el
Padre hace, también lo hace el Hijo igualmente."*

JUAN 5:19

Mis padres siempre decían en mi familia que los hermanos mayores son ejemplos de los menores. Aunque se trivialice muchas veces esto, es una gran responsabilidad.

Entiende, esto no es solo entre hermanos, sino de padres a hijos, de hijos a padres, entre parientes, entre amigos, entre compañeros de colegio, universidad o trabajo, como líderes o pueblo.

Eso es cierto. Somos ejemplos, buenos o malos, pero ejemplos al fin. Nos guste o no, queramos o no. Mucho más si decimos ser creyentes, cristianos, hijos de Dios, personas de fe.

Jesús lo confirma aquí. Él dice en pocas y contundentes palabras que no hace nada sino lo que VE hacer a su Padre, y recalca nuevamente que lo que el Padre HACE lo hace también el Hijo.

Somos ejemplos en este mundo. Alguien o varios se están fijando en lo que hacemos. Aquí Jesús aclara que es lo que nos VEN hacer lo que da nuestro ejemplo, no solamente lo que decimos.

Está bien decir cosas buenas, enseñar con nuestras palabras a que seamos mejores personas, tener visión, esforzarnos, guardar integridad, y todo lo demás. Pero al final estas palabras serán probadas por lo que hacemos. Te pregunto: ¿Vives lo que predicas?

Hay un dicho popular que dice así: "Tus hechos hablan tan fuerte que no me dejan oír tus palabras". Muy cierto.

Respalda aún más lo que la Biblia dice aquí en Juan 5:19, y además lo que dice Tito 2:7: *"Presentándote tú en todo como ejemplo de buenas obras; en la enseñanza mostrando integridad, seriedad".* Tenemos que ser ejemplos en todo.

Debemos ser ejemplo de buenas obras. Las buenas obras hablan de lo que hacemos, no de lo que decimos. Lo que hago se ve, lo que digo se escucha.

¿Se dan cuenta de que somos ejemplos en lo hacemos y así como Jesús vio en su Padre hacer, así ven los demás en nosotros lo que hacemos?

Seamos ejemplos de fe e integridad siempre. Primero para agradar a Dios; segundo, para ser ejemplo de los nuestros: familia, amigos, seres queridos, compañeros y también para todos los demás.

Seamos ejemplos porque Jesús lo fue para nosotros y su Padre para Él. Hay un mundo que nos mira y sigue.

Recuerda:

Alguien te mira, te está observando. Quizás sea uno o quizás sean muchos, pero lo importante es que tu manera de ser está influyendo en alguien. Trata de que ese ejemplo sea el mejor posible, siempre. ¡Que tus acciones sean siempre coherentes con lo que dices y predicas! ¡Que tu ejemplo deje huellas dignas de seguir y no heridas profundas y horribles que evitar!

¿Qué me dijo Dios?

_____

_____

¿Qué debo hacer?

_____

_____

NO LLORES

"Jesús lloró."
JUAN 11:35

Cuando veo a un ser querido triste a tal punto de estar lloran-do, en serio, se me parte el corazón. Eso me conmueve mu-cho porque sé que para que las lágrimas broten se necesita estar hundido profundamente en un dolor e impotencia inconsolables.

Llorar de tristeza, según lo que veo, es cuando el alma apenada afecta tan fuerte al cuerpo que este se expresa con llanto. Ima-gínense a un ser querido llorando. Muchas veces ya ni siquiera nos importa porque perdimos esa sensibilidad seguramente por la costumbre, al ver llorar a tantos o porque nuestro corazón ya se encalleció casi en su totalidad y no nos conmueve casi nada.

Pero este no era el caso de Jesús. Él sí tenía una empatía con su prójimo, como pocos. Siendo Dios, muchas veces sabía que todo estaría bien para la persona que estaba sufriendo tanto en aquel momento, sin embargo, su empatía hacia aquella persona lograba que él se conmoviera, muchas veces hasta las lágrimas mismas, como pasó con la muerte de su amigo Lázaro y el sufri-miento de sus hermanas Marta y María.

Jesús se conmovió hasta llorar con ellas al ver su sufrimiento por esa pérdida tan fuerte. Este momento histórico está descrito en el versículo más corto de los miles que hay en la Biblia. Tiene solo dos palabras y está en Juan 11:35: *"Jesús lloró"*.

Pero no es el único caso en que se le ve sufriendo con el que sufre. Hay muchos pasajes que lo describen de esa manera, como por ejemplo, este que está en Lucas 7:13: *"Y cuando el Señor la vio, se compadeció de ella, y le dijo: No llores"*.

Jesús sufre con el que sufre, pero no quiere vernos así. Él no quiere verte triste, aunque entiende tu situación y dolor. Él está conmovido por tu pesar, se compadece de ti y quiere consolarte. Así lo hizo al enviar al gran consolador, a su Espíritu Santo, para que lo haga.

Él nos dice hoy también, como en aquellas oportunidades, que no lloremos. Sus lágrimas nos dicen que nos entiende, pero su voz de esperanza nos pide que ya no lloremos más.

Enjuga tus lágrimas porque hoy es un día de esperanza, Dios está aquí. Como en aquellas oportunidades, hoy puede hacer un milagro en tu vida y resucitar algo que ya pensabas que estaba muerto... como tu fe y tu sonrisa.

Recuerda:

Llorar no está mal, inclusive desahoga el alma. Pero que esa tristeza termine convirtiéndose en una depresión desconsolada no está bien. Entiende que no importa cuán duras sean las circunstancias por la que estés atravesando y aunque parezca que nadie te entiende, estas circunstancias no serán para siempre. ¡Sí hay personas que te aman y te entienden! Y sobre todo eso, también está Dios. Dios consuela tu corazón y te da esperanza para que tu próxima lágrima sea de felicidad.

Paz, todo saldrá bien... no llores.

¿Qué me dijo Dios?

_____

_____

¿Qué debo hacer?

_____

_____

EL TIEMPO

*"Mirad, pues, con diligencia cómo andéis, no
como necios sino como sabios, aprovechando
bien el tiempo, porque los días son malos."*
EFESIOS 5:15-16

¿Cuáles son tus planes hoy, esta semana, este mes o este año? ¿Tienes algún plan, visión, trabajo que hacer? ¿Cómo planeas gastar o invertir tu tiempo? ¿Con quién planeas pasar ese tiempo, dónde? Preguntas, preguntas y más preguntas. ¿Por qué tantas? Es muy importante que las hagamos, ya que es el tiempo lo único que no se puede comprar, lo tenemos de manera limitada, se gasta a cada segundo y no se recupera más.

Una de las decisiones más importantes que tomé en mi juventud, en la época cuando empecé a seguir a Cristo, fue tratar de administrar mi tiempo lo más sabiamente posible, siguiendo el consejo bíblico de andar con diligencia y sabiamente, aprovechando bien el tiempo que Dios me regaló.

Lastimosamente hay muchas diferencias entre los seres humanos, como por ejemplo las económicas, raciales, sociales y culturales, cosas que nos hacen diferentes en muchas áreas, algunas esenciales y otras no tanto. Pero encontramos pocas cosas en común entre los seres humanos, y una de ellas es el tiempo que tenemos: todos nacimos con 24 horas al día. Rico o pobre, alto o bajo, inteligente o no tanto, lindo o feo, no importan las diferencias, en esto todos somos iguales; tenemos la misma cantidad de horas al día. Nuevamente te pregunto: ¿Qué harás?

Me di cuenta de que, normalmente, los que hacen mal uso de su tiempo son los que se quejan de que no lo tienen suficiente. "No me alcanza el tiempo", me dicen muchos, pero, ¿no será que el problema es que lo estás administrando mal? Piensa.

La Biblia dice en Colosenses 4:5:*"Andad sabiamente para con los de afuera, redimiendo el tiempo".* Usar correctamente nuestro tiempo es de sabios y es ser de testimonio para los demás. Te invito a que cuando te vean los demás, lo hagan viéndote ocupado, en cuestiones que sean de bendición no solamente para ti mismo, sino también para los demás.

Te invito y recomiendo a que empieces ahora mismo a administrar sabiamente tu tiempo, usándolo para hacer cosas productivas, cosas que vale la pena recordar. Que empieces a quitarle el jugo a tu día exprimiendo lo mejor que puedas el tiempo que generosamente te regaló Dios.

Recuerda:

Empieza inmediatamente después de leer esta reflexión. Ora antes, medita y agarra una hoja o una agenda y empieza a escribir en que usarás o invertirás el tiempo que Dios te regaló. Mira lo que anotaste, analízalo y empieza a ser sabio al seleccionar qué hacer y qué no, y cuánto tiempo emplearás al hacer cada cosa. Esta es una manera pragmática de llevar a los hechos lo que leíste ahora.

No hay tiempo que perder… hazlo ahora y hazlo bien.

¿Qué me dijo Dios?

_____

_____

¿Qué debo hacer?

_____

_____

TOMAS DE DECISIONES

*"En aquellos días él fue al monte a orar, y
pasó la noche orando a Dios. Y cuando era de
día, llamó a sus discípulos, y escogió a doce de
ellos, a los cuales también llamó apóstoles."*

LUCAS 6:12-13

Decisiones. Hay que tomarlas. Lo simpático es que, aunque no lo queramos, ya lo estamos haciendo igual: decidimos no tomar una decisión. Qué irónico, ¿no? Pero es así.

A cada momento tomamos decisiones. Desde que nos despertamos, en ese mismo momento decidimos levantarnos o no de la cama, por ejemplo. ¿Qué desayunaremos?, ¿qué combinación de ropas usaremos? Cosas aparentemente triviales exigen una decisión nuestra, personal.

Imaginen si tenemos que enfrentar diariamente estas cosas cotidianas, tomar decisiones y hacerlo correctamente, ¿cuánto más lo deberíamos hacer y tener cuidado en tomar decisiones más trascendentales en la vida? Como por ejemplo: ¿con quién me casaré?, ¿qué carrera o profesión estudiaré en la universidad?, hacer o no esta inversión, dónde congregarme, quiénes serán mis amigos, qué veré, miraré u oiré… Y muchas otras preguntas tan importantes que definen nuestro rumbo de vida y la de los nuestros, y exigen respuestas y una decisión.

Jesús también tuvo que tomar decisiones, y muchas. Decisiones que tenían repercusiones eternas y que afectaban a toda la humanidad. El universo estaba atento ante cada decisión que Él tomaba porque, cuando lo hacía, era una orden dada a toda la creación. ¡Tamañas decisiones!

Ante cualquier decisión en la vida, y más aún ante las importantes, debemos hacer lo que hizo Jesús: consultar con Dios. Debemos apartarnos y orar lo necesario hasta tener la paz y el valor de que tomaremos una decisión buena, correcta, que agrade a Dios y sepamos que es su voluntad.

Si Dios guía nuestros pasos y nos indica qué decisión tomar, estoy seguro que será la correcta. En un mundo donde hay tantas opciones, elegir la correcta es fundamental, y la correcta siempre será la que Dios nos guíe a tomar.

No tengas miedo y pide sabiduría de lo alto. La Biblia dice en Santiago 1:5: *"Y si alguno de vosotros tiene falta de sabiduría, pídala a Dios, el cual da a todos abundantemente y sin reproche, y le será dada".*

Ten en cuenta que las decisiones que tomes no solo te afectan a ti. Siempre hay alguien afectado positiva o negativamente con ellas. Hay daños o bendiciones colaterales en las consecuencias o los resultados de las decisiones que hayamos tomado.

Las decisiones que tomemos hoy determinarán dónde estaremos mañana. Eso es un hecho. Si crees que no es tan así, analiza tu vida ahora, en cualquier área, y verás que es una consecuencia directa de alguna decisión que tomaste en el pasado.

Recuerda:

Siempre, al fin y al cabo, actuamos en base a las decisiones que tomamos, y eso que hacemos y ocurre termina produciendo las personas que somos. Por eso es tan importante tomar decisiones sabias siempre.

No tomemos a la ligera la oportunidad de tomar decisiones de manera responsable, seria y correcta. Sé valiente, toma las decisiones sabiamente y Dios te ayudará.

¿Qué me dijo Dios?

_____

_____

¿Qué debo hacer?

_____

_____

SI TE SIENTES SOLO

*"Y Jehová va delante de ti. Él estará
contigo, no te dejará, ni te desamparará;
no temas ni te intimides."*
DEUTERONOMIO 31:8

No sé; quizá es hoy, quizá fue ayer o quizá será mañana, pero, lo que sí sé es que ya nos sentimos solos alguna vez y no fue nada agradable. Todos tenemos momentos donde nos sentimos aislados. La mayoría de las veces es solamente eso: un sentimiento, es algo emocional. Porque realmente no estamos solos físicamente hablando, aunque otras veces sí. Estamos rodeados de personas, pero parece que nadie nos entiende. Pero la peor soledad no es la física, la peor soledad es la del alma.

Podemos estar acompañados de muchísimas personas, pero de igual manera sentirnos solos. Creo que me entiendes. Esto ocurre normalmente a líderes. Es más, es una de las características del liderazgo: seguidos y admirados por miles o más personas, pero sintiéndonos igualmente solos.

Una de las peores sensaciones es la soledad. Pero no hablo de una soledad buscada por un momento como medio de tener paz o descanso. Estoy hablando de esa soledad que viene sin que la hayamos pedido y llega cuando más necesitamos de un abrazo o una compañía, aunque sea silenciosa, unos oídos amigos o unas palabras de consuelo y esperanza. A esa soledad me refiero.

Muchas veces viene sin motivos y otras veces nos visita en el pasillo de un hospital, a la madrugada durante un velatorio, en el lobby de un hotel o en la celda de una prisión.

Suele sentarse a nuestro lado cuando estamos con una mano en la frente y la otra agarrando la factura y viendo en letras rojas que es el último aviso, o sosteniendo los papeles de divorcio o la notificación de desalojo o embargo, o recibiendo los análisis médicos finales. Duro y triste.

Pero quiero que sepas que esa soledad solo viene a molestar. Viene, mentirosamente, a decirnos que en esta situación estamos solos o solas, y ya no hay nada que hacer ni nadie a quien recurrir. Como dije recién, es mentira.

Quiero decirte algo: esta sensación es solo por un momento, aunque dure más de lo que esperábamos. Aparte de que es mentira, solo debes levantar el rostro y mirar a tu alrededor o agarrar el teléfono y llamar a un amigo, consejero o pastor y sabrás que realmente no estás solo. Pero me preguntarás: ¿Y si ya lo hice y aún así me siento solo? Bueno, aquí quiero responderte que, aunque todo el mundo te deje, **Dios nunca se apartará de ti. Él nunca te desamparará ni te dejará.**

Recuerda:

Quiero que entiendas que, aunque la noche haya durado tanto, más de lo esperado, aun así no será para siempre. Ya está por amanecer y todo saldrá bien. Solo te pido que aguantes este momento, ores y busques ayuda. No tienes por qué sentirte solo. Tan solo ten cuidado de no permanecer pensando así porque no es cierto. Dios está contigo. Él prometió que "estará con vosotros todos los días, hasta el fin del mundo. Amén" (Mateo 28:20).

Mi recomendación final: Ora y busca a alguien que ore por ti. Comparte con alguien lo que te apena o duele. Y principalmente: en los momentos de soledad es donde menos tenemos que estar solos. Dios te bendiga y fortalezca.

¿Qué me dijo Dios?

_____

_____

¿Qué debo hacer?

_____

_____

PREPARADOS PARA PELEAR

"Quien adiestra mis manos para la batalla…"
SALMOS 18:4

Cada día, todas las mañanas empiezan con un nuevo desafío. Muchos de esos desafíos son situaciones que nos intimidan en serio, y mucho. Quieren derrotarnos antes de siquiera empezar a pelear.

No nos sentimos aptos, mucho menos preparados para tal desafío, pero no nos queda otra, tenemos que salir a pelearla.

Nos lamentamos y decimos: "Solo debo aguantar los golpes hoy, mañana será otro día" y vivimos así, con una actitud derrotista, pensando solo en aguantar y no en salir a ganarle a la vida. Si empatamos solamente, ya lo consideramos como una gran victoria y te entiendo, los tiempos son duros, la vida es difícil, te entiendo, pero no está bien.

No deberíamos ser así. Cristo no murió en la cruz y venció a la misma muerte para salvarnos y darnos vida eterna, para que luego nosotros vivamos con una mentalidad derrotista, negativa, conquistada y no conquistadora.

Quiero aclarar que no estoy hablando de "exitismo" barato, ese que el sistema nos muestra y nos vende y lo traduce en que éxito es fama o fortuna económica. No es eso. Yo estoy hablando de vivir con FE, vivir sabiendo que no importa cuán dura sea la batalla o cuán grande sea el rival, Dios tiene un propósito para nuestras vidas y debemos vivirlo con valor.

Estoy hablando de ser conscientes -así como lo fue el rey David- de que quien nos adiestra para la batalla es Dios mismo. Y déjame decirte que Él no conoce de derrotas ni prepara a alguien que será derrotado. Dios es un vencedor de principio a fin.

Mira que David sabía quién estaba en su esquina y también quién peleaba por él. Lo gritaba a los cuatro vientos antes de la batalla, para que no solo sus rivales lo supieran, sino para que él, David, lo escuchara, se acordara y cobrara ánimo: *"El Señor, que me libró de las garras del león y del oso, también me librará del poder de ese filisteo. —Anda, pues —dijo Saúl—, y que el Señor te acompañe".* Y *"David le contestó a Goliat: —Tú vienes contra mí con espada, lanza y jabalina, pero yo vengo a ti en el nombre del Señor Todopoderoso, el Dios de los ejércitos de Israel, a los que has desafiado. Hoy mismo el Señor te entregará en mis manos; y yo te mataré y te cortaré la cabeza. Hoy mismo echaré los cadáveres del ejército filisteo a las aves del cielo y a las fieras del campo, y todo el mundo sabrá que hay un Dios en Israel. Todos los que están aquí reconocerán que el Señor salva sin necesidad de espada ni de lanza. La batalla es del Señor, y él los entregará a ustedes en nuestras manos"* (1 Samuel 17:37 y 45 -47 NVI).

Recuerda:

Tú tienes un aliado invencible. Él es el Dios grande, fuerte y temible. Él mismo te adiestra para la batalla y sale a pelearla contigo también. Él es tu escudo y espada, compañero de lucha. ¿Por qué temer? ¡Fuerza, valor y fe!

¿Qué me dijo Dios?

_____

_____

¿Qué debo hacer?

_____

_____

CUIDEMOS NUESTRAS LENGUAS

"En las muchas palabras no falta pecado;
mas el que refrena sus labios es prudente."
PROVERBIOS 10:19

Debemos admitirlo: nuestra lengua es la que mayor cantidad de problemas nos causa. Más bien, no nuestra lengua, sino la falta de capacidad de refrenarla, dominarla o controlarla es lo que nos mete en problemas.

Te recomiendo algo: Si no tienes nada que decir, ¡pues no digas nada! Incluso está bíblicamente respaldada esta recomendación con la primera parte de este versículo: *"En las muchas palabras no falta el pecado..."*

Tenemos la tendencia de hablar más de lo que deberíamos y es ahí donde decimos más de lo que tendríamos que decir, y nos estrellamos.

¿Cómo puede ser que ciento cincuenta gramos de carne domine un cuerpo de decenas de kilos? Y así es, la lengua nos domina muchas veces. En Santiago 3:4 (NVI) dice: *"Fíjense también en los barcos. A pesar de ser tan grandes y de ser impulsados por fuertes vientos, se gobiernan por un pequeño timón a voluntad del piloto. Así también la lengua es un miembro muy pequeño del cuerpo, pero hace alarde de grandes hazañas. ¡Imagínese que gran bosque se incendia con tan pequeña chispa!"*

¡En tantas oportunidades la lengua es más rápida que nuestro cerebro y se apropia de nuestras palabras antes que hayan llegado ahí!

Incluso en el mismo libro de Santiago, Dios nos reclama y exhorta a que seamos coherentes: *"Con la lengua bendecimos a nuestro Señor y Padre, y con ella maldecimos a las personas, creadas a imagen de Dios. De una misma boca salen bendición y maldición. Hermanos míos, esto no debe de ser así. ¿Puede acaso brotar de una misma fuente agua dulce y agua salada? Hermanos míos, ¿acaso puede dar aceitunas una higuera o higos una vid? Pues tampoco una fuente de agua salada puede dar agua dulce"* (Santiago 3:9-12 NVI).

Dios nos manda a que ejerzamos autoridad sobre lo que decimos; que no solo controlemos cuánto hablamos sino, principalmente, lo que hablamos.

Seleccionar las conversaciones y palabras que tenemos y decimos es fundamental. **Nuestros labios solo deben moverse para lanzar palabras productivas de edificación y confrontación, y sobre todas las cosas, que sean en amor.**

Ten en cuenta que muchas veces el silencio nos ahorra muchos problemas. Y problemas es lo que menos deberíamos buscar.

Recuerda:

Que tu boca solo se abra para lo mejor, que tus labios se abran para alentar lo positivo, y desalentar y confrontar lo malo. Aléjate de las muchas palabras y de los chismes. Sé sabio, domina tu lengua con la ayuda del Espíritu Santo y que tu boca destile miel y no veneno. Que dé gusto escucharte, que tus labios destapen una fuente de vida, que Dios sea glorificado con cada palabra que salga de tu boca. Hónralo con tus dichos siempre y verás la diferencia en tu vida.

¿Qué me dijo Dios?

_____

_____

¿Qué debo hacer?

_____

_____

PLANIFIQUEMOS

*"Porque ¿quién de vosotros, queriendo edificar
una torre, no se sienta primero y calcula los gastos,
a ver si tiene lo que necesita para acabarla?".*
LUCAS 14:28

Tener proyectos, visión y objetivos, es fundamental en la vida. Nos indica hacia dónde debemos de ir, y eso es muy bueno. El punto es que con solo tener un proyecto no es suficiente. No porque tengamos una visión quiere decir que esta se realizará o alcanzará sin ningún problema.

Cuando tengamos una visión clara, lo primero que tenemos que hacer es planificar cómo llegar a alcanzar ese objetivo.

La planificación para alcanzar un objetivo es el siguiente paso, el inmediato y crítico que debemos dar antes de empezar un proyecto, cualquiera sea.

Si el secreto para el éxito fuera solo tener una visión y ya, entonces todos seríamos exitosos en algún área. Si saltamos de la visión al trabajo sin pasar por la planificación, te diría lo mismo: entonces todos seríamos exitosos en algún área. Pero como ya se habrán dado cuenta, no es así.

La fórmula y el orden correcto serían: visión, planificación o cálculo y luego, trabajo duro. Pero encuentro personas que me dicen: "Ya tengo una visión clara, ahora manos a la obra y ¡a trabajar para alcanzarlo!" Y es ahí donde fallamos. Incluso la misma Palabra de Dios nos advierte y da el orden y la fórmula correcta: que antes de edificar (trabajo) una torre (visión) tendríamos que sentarnos a calcular los gastos (planificación). ¿Te das cuenta que la fórmula está ahí?

Y me dirás ahora: "Obvio, ¡eso de planificar antes ya se sabe!" Pero sin embargo, ¿cuántas veces fracasaste por no tener en claro la hoja de ruta o planificación que debías seguir para alcanzar esos objetivos? O tenías una planificación, pero no hiciste bien los cálculos.

Soy una persona de fe, y como tal me gusta arrojarme al vacío en la vida sin antes verlo todo. Lo hice muchas veces, algunas veces tuve éxito y otras no, pero siempre me jugué. Pero antes de hacerlo, como soy una persona de fe justamente, obedezco la Palabra de Dios y, dentro de mis posibilidades, planifico todo lo que puedo.

Hago esta planificación sobre la base de investigación, cálculo, estudio, práctica, etc. La visión que tuve me lleva a hacerlo antes de empezarla. No espero a que todo sea "perfecto", pero sí trato de hacerlo todo de manera planificada con una fuerte dosis de fe que en esta planificación Dios me está guiando y tiene su visto bueno.

La Biblia dice: *"Podemos hacer nuestros planes, pero el SEÑOR determina nuestros pasos"* (Proverbios 16:9 NTV).

Sé los pasos que tengo que seguir y a dónde tengo que pisar. Mi fe actúa en la obediencia a Dios y, cuando somos obedientes, a Dios le agrada.

Recuerda:

Planifica la visión que Dios te dio. Siéntate tranquilo y hazlo con fe y revelación. Atiende las posibles variantes y pon manos a la obra. Si Dios te dio la visión, Él te mostrará cómo llevarla a cabo. Pregúntaselo y también busca consejos de los que saben. Planifica y luego juégate por lo que Dios puso en tu corazón. El orden te llevará al progreso.

¿Qué me dijo Dios?

_____

_____

¿Qué debo hacer?

_____

_____

DIOS ES NUESTRO ALIADO

"Si alguno conspirare contra ti, lo hará sin mí;
el que contra ti conspirare, delante de ti caerá."
ISAÍAS 54:15

Hace mucho tiempo se reunieron entre líderes, pero más que eso, se reunieron entre amigos y hermanos de lucha de años, a tratar temas importantes. Uno de ellos fue con la intención de hacerles recapacitar de una mala decisión que querían tomar como organización sobre un tema específico, ya que esa decisión, tomada de aquella manera, hubiera desembocado en sufrir una triste consecuencia. Él fue con las mejores intenciones, se sentía tranquilo y seguro de poder hablar libremente y así exponer de la forma más clara y sincera lo que pensaba sobre el tema. Lo hizo, y lo hizo muy tranquilo para alguien como él (tiene un carácter un poco fuerte).

Usando incluso su Biblia para contarles sobre una historia, un caso particular que se asemejaba mucho a la situación que estaba viviendo en ese instante, empezó a explayarse con libertad. Luego, cada uno dio su punto de vista y, al terminar todos de hablar, él se dio cuenta de algo raro: todos los demás seguían un mismo libreto cuando hablaban, como que se reunieron previamente sin haberle avisado a él y "guionaron" lo que dirían en aquella reunión.

Al final de la misma se tomó una decisión y fue la equivocada, a pesar de las advertencias de aquel hombre. "Y bueno -pensó- es una democracia y tomaron su decisión."

Un par de días después, lo llamó uno de estos amigos y líder que estuvo en aquella reunión y empezó a soltar todo: que ya habían hablado antes entre ellos, que ya sabían lo que les diría él, que ellos se pusieron de acuerdo para decidir esto y, lo peor de todo, que iban a grabarlo para luego usar eso en su contra, si es que se oponía a la decisión que tomaban. Triste y doloroso como puñal. Pero gracias a Dios, dice él que no dijo nada de lo que se pueda arrepentir o que esté mal, porque uno tiende a no usar filtros frente a personas en quienes uno confía y cree que le son leales por amistad, afinidad o familiaridad. Pero no siempre es así.

Le dolió el corazón y lo miró como una traición muy grave, ya que su intención como consejero de aquel grupo era solo darles el mejor de los consejos para que no tomaran una decisión equivocada, que fue la que finalmente tomaron; y pasó lo que él les advirtió que pasaría.

Orando a Dios, muy triste, le preguntó por qué pasó lo que pasó, o por qué permitió eso, por qué no le advirtió de eso, siendo que sabía que fue Él quien lo envió a ese lugar a decirles lo que les dijo. Le habló a Dios como culpándolo de lo ocurrido; y dice que vinieron inmediatamente a su corazón las palabras de este versículo: "*Si alguno conspirare contra ti, lo harán sin mí*". Supo que el contexto de este versículo habla sobre una situación, lugar y fecha específicos en la Biblia, pero en ese momento sintió que Dios le dijo eso y le regaló esas palabras de consuelo. Le empezó a brotar una gran paz en su corazón al saber que su Dios estaba con él; que de alguna manera Él permitió eso, justamente, para que salieran a la luz muchas cosas malas escondidas en cuanto a aquellas personas que, en su momento y de otra manera, no se hubieran sabido.

Para cerrar esta historia y pasar a la enseñanza, quiero decirles que, a pesar del dolor, él los perdonó para quedar libre y continuar con su propósito. Dios lo hizo posible.

Aquí viene la enseñanza de aquella historia: si estás en obediencia y santidad, Dios nunca se prestará a estar con personas que maquinen cosas malas y conspiren contra ti. Todo lo contrario; lo harán sin Él. Y estoy seguro de que Él te defenderá y, aunque en su momento duela mucho, todo terminará saliendo muy bien.

El salmista lo entendió perfectamente: *"Caerán a tu lado mil, y diez mil a tu diestra: más a ti no llegará"* (Salmos 91:7).

Recuerda:

No existe mejor aliado en esta vida, y en el más allá, que Dios. Él no conoce de derrotas, y tampoco es infiel ni desleal. Si Él prometió estar a tu lado, ten por seguro que así será. Dios no miente nunca. Ten paz, sé valiente y marcha hombro a hombro con Dios.

Dios está de tu lado, solo cerciórate siempre de estar tú del lado de Dios.

¿Qué me dijo Dios?

_____

_____

¿Qué debo hacer?

_____

_____

BUSCA A LOS QUE MÁS NECESITAN

*"Y he aquí, se le acercó un leproso y se
postró ante Él, diciendo: Señor, si quieres,
puedes limpiarme. Y extendiendo {Jesús} la
mano, lo tocó, diciendo: Quiero; sé limpio.
Y al instante quedó limpio de su lepra."*
MATEO 8:2-3

Una vez leí una historia realmente impresionante. Habla sobre un misionero belga que fue a una pequeña y especial isla del Pacífico a servir. La isla se llama Molokai y está en Hawái. ¿Por qué digo que es especial esta isla? Porque era el hogar de enfermos de lepra. Leprosos que, exiliados por su situación, eran abandonados ahí a su suerte hasta que murieran. Ningún contacto podían tener con el mundo fuera de la isla y, de esa manera, la sociedad no se podía enfermar de aquello.

Esta historia transcurre en el siglo 19, específicamente en 1873, cuando llegó a la isla Jozef de Veuster, conocido especialmente como Damián de Molokai.

Cuentan las crónicas de la época que lo primero que hizo fue hacerles recordar a los leprosos que, a pesar de su dolor y enfermedad, eran dignos hijos de Dios.

Antes de la llegada de Damián de Molakai, los leprosos, cuando morían, eran simplemente comida de los animales de la isla. No tenían un entierro digno de un ser humano, así que él construyó tumbas donde les daba una sepultura digna.

Al comienzo, él no tocaba a los enfermos, seguramente por miedo al contagio, pero luego debido a la empatía ante su dolor por la enfermedad y por la discriminación que sufrían, él empezó a acercarse más y a tocarlos. Compartía con ellos y los dignificaba como seres humanos.

Les acompañó en todo para que la vida que les quedaba pudieran llevarla dignamente. Los cuidaba con amor y compasión.

Dicen que en una carta que escribió, puso: "Me hago leproso a los leprosos para ganar a todos para Jesucristo. Es por eso que cuando predico digo: 'Nosotros los leprosos'".

Al final de su vida, Damián terminó contrayendo lepra y murió a los 49 años de edad en abril de 1889. Fue enterrado ahí en la isla, con sus hermanos leprosos.

Jesús también vivió esta misma experiencia. Él lidió con varios leprosos en su vida. No los discriminó, sino que los sanó y salvó.

Nosotros también lidiamos en cada lugar con personas enfermas, algunos físicamente y otros del alma. Personas que viven en un exilio interior muy duro, que necesitan de un toque nuestro y un toque del Maestro, nuestro Dios. Necesitan que vayamos con una palabra salvadora que los restaure y dignifique. Están esparcidos en nuestros trabajos, en la universidad, en el club social, entre los pobres y ricos, en hospitales y gimnasios, en las casas y edificios, en las calles y en los parques. Miles de millones que necesitan de un mensaje que cambie sus vidas y los sane, exiliados en el corazón.

Me pregunto: ¿Estamos llevando ese mensaje que sana y liberta? ¿Somos agentes de bendición eterna para los que nos rodean? Y principalmente me pregunto: ¿Hasta dónde llegaríamos con tal de mostrar el amor de Dios a aquellos que el mundo desprecia?

Recuerda:

Que no termine el día sin buscar a quien más lo necesita, y llevarle esperanza, una palabra de aliento, una bendición que traiga libertad a su vida. Háblale del libertador, háblale del salvador, háblale de Jesucristo. *Alguna vez alguien lo hizo contigo. Devuelve el favor, ten fe y ama.* Lleva a todos lados el amor de Dios, el mensaje de Jesucristo. Amor es acción.

¿Qué me dijo Dios?

_____

_____

¿Qué debo hacer?

_____

_____

¿HACEMOS LO SUFICIENTE?

*"Así también vosotros, cuando hayáis hecho todo
lo que os ha sido ordenado, decid: Siervos inútiles
somos, pues lo que debíamos hacer, hicimos."*
Lucas 17:10

En una oportunidad, mientras estaba dando una conferencia/plenaria pregunté a los asistentes si ellos consideraban que este año podrían hacer el doble o más de lo que hicieron el año pasado. Levantando las manos los más de 500 asistentes, casi por unanimidad, me respondieron que sí podían hacer el doble y más de lo que hicieron anteriormente.

Fue una pregunta capciosa ya que, inmediatamente, les respondí que eso me habla de que entonces no hicieron lo suficiente el año pasado. Con la pregunta que hice y las respuestas que me dieron desnudé ese hecho, y así se dieron cuenta de que podían más de lo que lograron o se esforzaron.

Si analizamos seriamente nuestro día a día y somos objetivos con nosotros mismos, nos daremos cuenta que podemos hacer más de lo que ya estamos haciendo. Nos quejamos muchas veces de que no tenemos lo que queremos, o de que no están los resultados que esperamos, pero más allá de lamentarnos por eso, deberíamos analizar sinceramente si es que dimos realmente todo lo que podíamos, en serio.

Deberíamos hacernos preguntas como: ¿Me esforcé todo lo que podía o podía más? ¿Administré bien mi tiempo o mis recursos? ¿Estudié y memoricé en serio todas las lecciones? ¿Analicé la inversión que haría, el tiempo necesario, viendo todas las posibilidades? **¿Busqué la presencia de Dios o medité en su Palabra no solo el tiempo necesario, sino también la calidad de tiempo**

que Él se merece? ¿Pude un poco más o mucho más? Y así, cada uno sabrá su área y en qué está poniendo sus ganas o no.

Este versículo de Lucas 17:10 me confronta cada vez que lo leo y analizo. La primera impresión que tengo es que me parece muy duro tratarle de inútil a alguien que hizo exactamente lo que se le pidió. Cualquiera estaría feliz de que se lo obedezca al pie de la letra. Pero entiendo que los estándares de Dios siempre son superiores a los nuestros y Él no es cualquiera. Hacer solo lo justo no califica para un creyente. Jesús siempre nos desafía a dar la milla de más en todo. Nos desafía a más, a tener iniciativa, a esforzarnos en serio.

La Biblia dice en Josué 1:9: *"Mira que te mando que te esfuerces y seas valiente; no temas ni desmayes, porque Jehová tu Dios estará contigo en dondequiera que vayas."* Dios nos manda a esforzarnos, a procurar siempre más, y Él estará con nosotros en cada paso.

Ahora te hago la misma pregunta que hice en aquella oportunidad: ¿Crees que puedes hacer el doble o más ahora que ayer, o este año más que el año pasado? Si tu respuesta sincera es afirmativa, entonces sabes que no hiciste lo suficiente todavía. Yo sé que lo puedes hacer. Principalmente, Dios cree que lo puedes hacer más y mejor aun.

Recuerda:

Este es el día que Dios te regaló, aprovéchalo al máximo y trata de no dejar nada para después. Esfuérzate un poco más. Mueve las fronteras de tus límites. Tu premio no será tan solo haber conquistado lo que quisiste, sino, y más importante, tener la satisfacción de haber dado lo mejor de ti.

No esperes a mañana para decir que lo harás mejor. Hazlo ahora, hazlo hoy.

¿Qué me dijo Dios?

_____

_____

¿Qué debo hacer?

_____

_____

YO Y MI CASA

*"Y si mal os parece servir a Jehová, escogeos hoy
a quién sirváis; si a los dioses a quienes sirvieron
vuestros padres, cuando estuvieron al otro lado del
río, o a los dioses de los amorreos en cuya tierra
habitáis; pero yo y mi casa serviremos a Jehová."*

JOSUÉ 24:15

De joven tomé una decisión. Muchos años después, cuando conocí a mi esposa Laura, ella me contó que de joven tomó la misma decisión que yo había tomado, así que eso era bueno.

Ambos decidimos que nuestro hogar siempre servirá a Dios, en lo que sea, como sea y donde sea. Que nuestros hijos le servirán como Él decida que lo hagan.

Me di cuenta de que este versículo habla del pasado (*si a los dioses a quienes sirvieron vuestros padres*), del presente (*a los dioses amorreos en cuya tierra habitáis*) y del futuro (*pero yo y mi casa serviremos a Jehová*).

¿Cómo saber a quiénes sirvieron o sirven los tuyos? Y al hablar de los tuyos me refiero principalmente a la familia. Es sencillo, respóndeme estas preguntas y lo sabrás: ¿qué hacían?, ¿cómo se comportaban, de qué hablaban, cómo se proyectaba tu familia antes? No hablo de perfección, hablo del estilo de vida que llevan. Cuando entiendas sus prioridades, ahí sabrás a quiénes servían o sirven.

Entendimos **que no importaba cómo, o quiénes, o qué hacían, o fueron, o cómo son nuestros ancestros o familia; independientemente de eso, nosotros consagraríamos diariamente nuestra casa a Dios y a obedecerlo.** En nuestro hogar procuraríamos que, bajo nuestro techo, se respire fe y amor, se respire a Dios.

Entendimos que **no hay nada mejor que entregar nuestra familia a Él, ya que Dios fue quien nos creó, escogió, salvó** y, de manera estratégica, unió nuestras vidas para proclamar en todos lados su palabra.

Entendimos también que no hay mejores manos donde depositar a nuestra familia que las manos amorosas de Dios. Que ahí estamos seguros y bendecidos. Servir así es un privilegio, es una honra, es una bendición.

No decidimos dónde nacer, quiénes serían nuestros padres o cómo es nuestra familia fuera del seno de nuestro hogar, pero sí sabemos que Dios nos renovó la mente y transformó el corazón para decidir lo mejor hoy para nuestra familia y nuestros hijos, e inculcarles la Palabra a ellos para que la pasen a las generaciones venideras.

La Biblia dice en Deuteronomio 6:6-7: *"Y estas palabras que yo te mando hoy, estarán sobre tu corazón; y las repetirás a tus hijos, y hablarás de ellas estando en tu casa, y andando por el camino, y al acostarte, y cuando te levantes"*. Y también dice y recalca esto en Deuteronomio 11:18-20: *"Por tanto, pondréis estas mis palabras en vuestro corazón y en vuestra alma, y las ataréis como señal en vuestra mano, y serán por frontales entre vuestros ojos. Y las enseñaréis a vuestros hijos, hablando de ellas cuando te sientes en tu casa, cuando andes por el camino, cuando te acuestes, y cuando te levantes, y las escribirás en los postes de tu casa, y en tus puertas"*.

Ahora que ya sabes todo esto y tienes, por gracia de Dios, la autoridad de Él para decidir sobre ti y sobre tu familia, te pregunto: ¿A quién servirás?

Recuerda:

Pon tu hogar en las manos de Dios, sé obediente y guarda testimonio. Que tu máxima y la de tu familia sea servir a Dios; seguir sus principios y obedecer sus mandamientos. Estoy seguro que Dios hará el resto y los tuyos escribirán una mejor y más hermosa historia en sus vidas.

¿Qué me dijo Dios?

_____

_____

¿Qué debo hacer?

_____

_____

REFLEXIÓN 41
¿CON QUIÉNES COMPARTIMOS?

"Bienaventurado el varón que no anduvo
en consejo de malos, ni estuvo en camino de
pecadores, ni en silla de burladores se ha sentado."
SALMOS 1:1

Al leer este pasaje de la Biblia, recordé el día cuando mi amada esposa, Laura, lo leyó en un devocional que tuvimos en casa como familia.

Ese día medité sobre este versículo y me hice estas preguntas, que me hago hasta hoy: ¿Con quién pasamos tiempo? ¿Con quiénes compartimos una reunión o un asado, o un café, o en la redes sociales? ¿Quiénes nos quieren aconsejar? ¿De quiénes estamos dispuestos a escuchar consejos que guíen alguna área de nuestra vida? ¿A quiénes les entrego mi atención por unas horas del día, cuando no debería hacerlo ni por un minuto al año? ¿Quiénes forman mi primer "anillo de amistad o compañerismo"? Y ¿cuál es el testimonio de vida que tienen? ¿De qué hablamos cuando nos reunimos? No hablo de perfección, hablo de si reúnen o no estas simples y básicas características de las que habla el salmista.

Dios me llevó más profundo aún en mi meditación, y me hizo cuestionar y analizar mi vida. Son preguntas que me gustaría que también te las hagas: ¿No seré yo, muchas veces, para alguien, una de estas personas? ¿No estaré actuando mal frente a los demás? Por más trivial o entretenida que sea la reunión, ¿no me estaré desubicando, diciendo o haciendo cosas que, por quien soy (un creyente, un hijo de Dios), no debería decir o hacer? ¿Guardo mi testimonio y compostura para que de alguna manera refleje a mi amado Jesucristo en ellos? ¿Soy un buen ejemplo, uno digno de imitar, para ellos?

Estas preguntas me llevaron a tomar decisiones y obedecer el consejo bíblico de no andar en consejo de malos, ni de burladores, ni de personas que no son íntegras. Quiero ser un bienaventurado y saber que Dios me sonríe siempre. Por lo tanto, decido: cuidar más cuál será mi entorno, con el que paso (o invierto) mi tiempo y recibo consejos. Y además (sobre todo), ser yo una persona con la cual alguien pueda pasar el tiempo e invertirlo, porque trataré de ser y reunir las características que da este salmo, y que debería tener todo el que dice ser un creyente en Cristo.

Y la promesa continúa para los que toman esta decisión. En Salmos 1:3 dice: *"… y todo lo que hace prospera"*.

Recuerda:

Dios nos ayuda a elegir mejor nuestras compañías y amistades, y a ser el mejor compañero o amigo de alguien más. Con quien termines compartiendo mucho, terminarás pareciéndote. Si quieres seguir avanzando y creciendo en todas las áreas de la vida, es importante saber con quién relacionarte y también -fundamental y olvidado- es saber con quién dejar de hacerlo. Son dos piernas de un mismo cuerpo que deben marchar juntas para seguir. Dios te dé sabiduría.

¿Qué me dijo Dios?

_____

_____

¿Qué debo hacer?

_____

_____

DIOS ES FIEL, ÉL NUNCA MIENTE

"Dios no es un hombre, por lo tanto, no miente.
Él no es humano, por lo tanto, no cambia de
parecer. ¿Acaso alguna vez habló sin actuar?
¿Alguna vez prometió sin cumplir?".
NÚMEROS 23:19 (NVI)

Lo que Dios te prometió, lo va a cumplir. Que no te quede la menor duda. Con esta declaración ya puedo cerrar esta reflexión de manera contundente y no hay más nada que decir. Dios no miente.

Cada vez que me siento triste o desanimado ante una situación difícil o, como se dice popularmente, cuando "no veo una luz al final del túnel", me acuerdo de mi Dios y de lo que Él me prometió.

Cuando yo hago una promesa a alguien, cualquier persona y, principalmente, si esas personas son mis hijos o mi familia, hago hasta lo imposible por cumplirla, por no defraudarlos. Sé que empeñé mi palabra y tengo que llevar a cabo lo prometido a como dé lugar, porque así me educaron y así me lo dice Dios en su Palabra: *"Pero sea vuestro hablar: Sí, sí; no, no; porque lo que es más de esto, de mal procede"* (Mateo 5:37).

Además, trato de andar siempre con cuidado; sé qué prometer y qué no prometer. No me comprometo a algo que está muy fuera de mis posibilidades. Eso es lo lógico, ya que no quiero fallar.

Pero aquí está lo bueno de todo. Dios no es Adolfo y, para Él, NADA está fuera de sus posibilidades; no hay nada que Él no pueda cumplir. Si yo trato siempre de cumplir lo que digo que haré, siendo un hombre falible y limitado, ¡cuánto más Dios!, que no es un hombre, que es infalible, ilimitado y todopoderoso.

¿Te acuerdas de lo que te prometió? Pues bien, recuérdalo siempre y aférrate fuerte a esa promesa, y más aún cuando las cosas no se vean muy bien, porque es esa promesa y quien la hizo, Dios, lo que te sostendrá en los momentos difíciles. Lo hace conmigo y lo hace con millones de personas más.

Dios es fiel, Él no miente. ¿Te acuerdas de qué te prometió y cuándo lo hizo? ¿Cómo fue ese momento? Que esta Reflexión sea un recordatorio de la fidelidad incuestionable de Dios y de que Él cumplirá su propósito en ti, siempre.

El padre de la fe, Abraham, también experimentó promesas muy grandes, difíciles de digerir y entender para un hombre limitado y golpeado. También sufrió momentos donde cualquiera pensaría que lo que alguna vez pareciera ser una voz audible de Dios y su promesa, pudo haber sido simplemente su imaginación, ante la desesperante situación. Pero él no pensó así, él permaneció firme en que Dios le habló, que Él no miente y es fiel, y que Su palabra es eterna: *"Abraham estaba plenamente convencido de que Dios es poderoso para cumplir todo lo que promete"* (Romanos 4:21).

Puedes estar plenamente convencido, seguro y firme de que Dios es todopoderoso y va a cumplir absolutamente todo lo que prometió.

Recuerda:

Cuando Dios dice las cosas que hará, nadie lo puede hacer retroceder. Él es soberano e inmutable. Su Palabra pesa tanto que la usó para crear de la nada el universo. Yo estoy seguro que podrá hacer algo en tu vida también. Te pido que mantengas la fe, la santidad y la obediencia; el resto déjalo a Él. Dios hará.

Fiel es Dios, quien te prometió, y que terminará Su obra en ti. Confía.

¿Qué me dijo Dios?

_____

_____

¿Qué debo hacer?

_____

_____

¿AVANZARÁS AUN SIN VER EL DESTINO?

"Por la fe Abraham, siendo llamado, obedeció
para salir al lugar que había de recibir como
herencia; y salió sin saber a dónde iba."
HEBREOS 11:8

"*Y salió sin saber a dónde iba.*" ¿Harías como Abraham hizo? ¿Irías aun sin saber a dónde? No en vano se le llamaba el padre de la fe. Pero más que un padre, Abraham fue un hijo que confiaba en su Padre Celestial.

Cuando a mis hijos pequeños les digo que vayan conmigo a algún lado, muy pocas veces me preguntan a dónde iremos y, si lo hacen, es solo por curiosidad, no por miedo o por cuestionarme. Es más, cuando los invito a ir conmigo, escucho que exclaman un: "¡Bien!", y se ponen muy contentos porque papi los invitó a ir a algún lugar y saben, aunque no conocen el destino, que donde iremos será bueno y seguro, porque estarán conmigo. Ellos confían en mí.

Yo he avanzado en la vida muchas veces sin saber bien a dónde iba. No es fácil hacerlo, pero sí sabía y confiaba en quien me había enviado. **Aunque no viera todo el camino, muchas veces, estaba en paz, sabiendo que eso no era más ni tan importante como el hecho de quién me guiaba y enviaba. Ahí estaba mi confianza.**

Como lo digo siempre, y lo vuelvo a recalcar las veces que puedo, la fe no es creer que Dios hará lo que uno quiere, la fe es saber que Dios hará lo correcto siempre, sea lo que sea y pase lo que pase.

Obedecer es fe, fe es obedecer. Esta es la conclusión a la que llego: cuando avanzo sin saber los resultados finales, pero entiendo que fue una orden y lo debo hacer. Sé que, aunque yo no tenga el control, Dios sí lo tiene y todo saldrá bien. La Biblia dice en la primera parte de Hebreos 11:8: *"Por la fe Abraham, siendo llamado, obedeció para salir al lugar que había de recibir como herencia;..."* La fe de Abraham se traduce en obediencia; así también ocurrió cuando Dios le pidió a su hijo y este no cuestionó nada, solo confió.

Estoy seguro de que ya Dios nos dijo que movamos nuestros pies y, muchas veces, no lo queremos hacer por miedo a lo incierto. Pero eso incierto es solo para nosotros, porque Dios ya sabe qué pasará. Él existe en la eternidad, por lo tanto, está en el pasado, presente y futuro. Para Él nada es incierto, a Él nada se le escapa, su control es absoluto.

Ten fe, confía en tu Padre Celestial, así como lo hizo Abraham. No temas, solo confía. No hace falta que veas todo el camino para avanzar y llegar a destino. Lo importante es que te cerciores de que Dios te llamó a hacerlo. Avanza hacia nuevas y mejores cosas.

Recuerda:

El futuro es para los que se animan a conquistarlo avanzando con Fe. Confía tu futuro incierto a tu Dios conocido y omnipotente. La fe no es creer que Dios hará lo que uno quiere; la fe es saber que Dios hará lo correcto siempre.

¿Qué me dijo Dios?

_____

_____

¿Qué debo hacer?

_____

_____

NO LA LLEVES SOLO

"Echa sobre Jehová tu carga, y él te sustentará;
No dejará para siempre caído al justo."
SALMOS 55:22

Un amigo pasó un momento económico terrible. Estaba al borde de la quiebra y sin ninguna idea que poner en práctica para salvar su empresa, su sueño y, principalmente, el sustento de su familia.

Lo peor de todo es que se sentía solo en su lucha, no sabía a quién recurrir para que lo ayudara, no solo en lo económico, sino para recibir, al menos, una palabra de aliento o esperanza.

En su desesperación, me contó que se acordó de mí y me llamó. Me pidió encontrarnos para contarme sobre su lucha, y me dijo que solo quería a alguien a quien comentarle lo que estaba viviendo, pues no tenía a quién, ni siquiera a un familiar, ya que esta situación estaba afectando a este círculo.

Nos encontramos en un café y, con lágrimas en los ojos y la voz entrecortada, me contó todo. Era realmente una situación muy difícil, pero, desde mi punto de vista, solucionable con un buen plan. Un plan y una solución que estaban ahí, pero que él no podía ver porque la carga de la situación lo hundía cada vez más, y esa desesperación le embotaba las posibilidades de ver nuevas soluciones.

Me di cuenta de que su problema no era el económico solamente, sino el hecho de que él llevaba solo esa carga del posible fracaso, sin necesidad de hacerlo. Le hablé sobre la importancia de depositar esa carga en oración a Dios, que Él tiene cuidado de su vida y la de su familia. Que él pudo haber incurrido en errores administrativos y decisiones equivocadas, pero que eso no era el fin y podría salvar todavía la situación.

Le leí el pasaje bíblico arriba escrito, el de Salmos 55:22, y oramos juntos. Él se arrepintió de todo y, con lágrimas en los ojos, pidió perdón a Dios y depositó sus cargas sobre Él. Luego nos sentamos a ver las posibilidades de solución, tranquilos. Haciendo la historia corta, hicimos un plan y en unos meses él pudo, descansando en Dios y siguiendo el plan, ir solucionando esos problemas hasta quedar totalmente saneada su situación.

Él me dijo luego que ese día, cuando con el corazón afligido entregó en oración su situación, sintió que un gran peso salió de sus hombros y pudo pensar más libre y claramente, y trabajar duro, pero menos afanado, para solucionar las cosas.

Quiero que aprendas de esta historia dos cosas: primero, que **siempre hay alguien a quien puedes llamar en los momentos difíciles**, es solo cuestión de que pienses un poco a quién y te animes a hacerlo; segundo, que siempre hay una invitación de nuestro amado Dios a que depositemos nuestras cargas sobre Él, no importa cuáles sean, porque Él tiene cuidado de nosotros. Eso te llevará a descansar y buscar soluciones estando más tranquilo o tranquila.

Recuerda:

No tienes por qué llevar solo tus cargas y tus problemas. Intentar hacerlo así te hará mal y te sumirá en la desesperación. Compartirlas con alguien de confianza te ayudará a sobrellevarlas y sabrás que hay esperanza.

Y Dios tiene una hermosa promesa para ti: si depositas tus cargas sobre Él con un corazón arrepentido, Él te dice que no te dejará caído para siempre. Él te levantará, y todo te saldrá bien.

¿Qué me dijo Dios?

_____

_____

¿Qué debo hacer?

_____

_____

ESPERAR

*"Pero los que esperan a Jehová tendrán
nuevas fuerzas; levantarán alas como
las águilas; correrán, y no se cansarán;
caminarán, y no se fatigarán."*

ISAÍAS 40:31

"Esperar", ¡qué palabra tan difícil de digerir! Cuando escucho la palabra «esperar» quiero entender que se refiere a impotencia, a no poder hacer nada al respecto. No me gusta la palabra "esperar".

Los que me conocen saben que no soy una persona a la que le guste estar quieta o pasiva. Me gusta hacer algo, aunque no haya nada para hacer. Me gusta producir, quiero ser parte de la solución. Yo no quiero ni me gusta simplemente "esperar". No sé si me entiendas. Quizá te sientas identificado.

Ahora bien, esperar no me gusta, y esperar ante una situación difícil, mucho menos. ¿A qué me refiero? Esperar una solución a un problema, esperar ante los resultados médicos, esperar en el pasillo de un hospital a que mi ser amado se recupere, esperar la respuesta o no del banco ante una situación financiera, entre otros ejemplos. Ese tipo de espera es mucho peor que cualquier otra. Esa espera desespera. Desesperar significa perder la esperanza. De a poco, esa espera nos roba la tranquilidad y la esperanza. Es horrible, ¿no?

Por eso, Dios nos llama a esperar en Él. Aunque físicamente estemos sentados en ese pasillo de hospital o en esa celda de prisión, o en el lobby del estudio jurídico de un abogado, o en la pálida recepción de un banco ante el pedido de un crédito o prolongación de deuda que no viene, o en la sala de la casa a la madrugada esperando a que llegue nuestro amado, Dios nos llama a que nuestro espíritu descanse y espere.

En su presencia, Dios nos fortalece ante la situación que nos agota y roba la paz. Esperar a y en Dios significa y esperar en el mejor lugar de todos, con la mejor compañía de todas. Ahí, a pesar de las dificultades externas, Dios nos consuela y anima. Encontramos refugio y abrigo. No importa lo largo y duro del camino de la espera, Él dice que no nos cansaremos, ni nos fatigaremos.

Nuestro amado Padre nos hace una invitación a que vayamos junto a Él y descansemos: *"Venid a mí todos los que estáis trabajados y cargados, y yo os haré descansar"* (Mateo 11:28).

Te pido que aceptes esa invitación, te acerques a Él, y descanses mientras Él renueva tus fuerzas e, incluso, está peleando por ti.

Recuerda:

Desarrolla la paciencia. Las cosas no siempre ocurrirán cuando y como lo queramos, así que la paciencia es fundamental. Apacigua tu espíritu. Moldea tu carácter. Lo que vale la pena toma su tiempo y realmente lo vale. Esperar, en muchos casos, no es una opción; hay que hacerlo y punto. Lo que sí es una opción es decidir esperar confiadamente en Dios o no. Yo decido esperar en Él, siempre. Queda en paz.

Espera a Él y en Él; no hay mejor lugar para esperar.

¿Qué me dijo Dios?

_____

_____

¿Qué debo hacer?

_____

_____

ANTES DE LA CAÍDA

*"Así que, el que piensa estar
firme, mire que no caiga."*
1 CORINTIOS 10:12

El orgullo es la imagen, de manera exagerada, que una persona tiene de sí misma. Esta, a su vez, la puede llevar a la soberbia. Es un sentimiento de valoración de uno mismo por encima de los demás.

Es el pensar que ya tenemos "clara la película" de la vida y sobre nosotros mismos. El orgullo es un enemigo que vive dentro de nosotros. Lucha constantemente por salir y gobernar nuestra actitud. Sus alimentos preferidos son los éxitos, logros, estatus a los que pudimos llegar o vivir y, en muchos casos, la imaginación misma o delirios, diría yo.

Como suele decir mi hermano Emilio: "El orgullo es como el mal aliento: todos se dan cuenta de que lo tienes, menos vos".

El orgullo es algo por demás destructivo. Pero ahora quiero referirme más al orgullo como defecto del carácter, no como la virtud del mismo. Es decir, orgullo no es lo mismo que tener identidad. Ya definimos que el orgullo es un sentimiento de valor exagerado de uno mismo, que a su vez rebaja o hace sentir humillado al otro. Identidad es saber quién uno es, ni más ni menos. Es importantísimo tener una identidad clara en la vida, pero eso no es lo mismo que ser orgulloso.

Por ejemplo, alguien de identidad clara, pero un corazón humilde y de servicio fue Jesucristo. En su época, lavar los pies de otra persona era algo que solo hacían los esclavos, los sirvientes o alguien de menor rango; por lo tanto, lavar los pies de alguien más era algo "humillante", aparentemente.

Jesús en persona, antes de la santa cena, humildemente, quiso lavar los pies a sus apóstoles, incluyendo los pies de Judas, el que había de traicionarlo, y Él ya lo sabía, pero igual lo hizo.

Él quería enseñarnos algo muy importante sobre el orgullo y la humildad. Miremos lo que dice la Biblia en Marcos 9:35: *"Sentándose, llamó a los doce y les dijo: Si alguno desea ser el primero, será el último de todos y el servidor de todos".* Dios nos invita a servir y a vivir con humildad.

Dios no tiene parte con una persona soberbia, orgullosa. La Biblia también dice en Santiago 4:6: *"Pero él da mayor gracia. Por esto dice: Dios resiste a los soberbios, y da gracia a los humildes".*

Gracia significa, en pocas palabras, regalo inmerecido. No sé ustedes, pero yo necesito de su gracia diariamente y, si me manejo con un corazón orgulloso, no la obtendré.

Para terminar, quiero dejarte un versículo contundente sobre el orgullo, que está en Proverbios 16:18: *"Antes del quebrantamiento es la soberbia, y antes de la caída la altivez de espíritu".*

Recuerda:

En tu humildad se encuentran tu fortaleza y tu victoria. En tu orgullo están tu debilidad y tu derrota. Nunca lo olvides, principalmente cuando no lo quieras reconocer.

Antes de la caída, viene la altivez de espíritu. Seamos humildes.

¿Qué me dijo Dios?

_____

_____

¿Qué debo hacer?

_____

_____

ÉL SE INCLINA A NUESTRO FAVOR

*"Pacientemente esperé a Jehová, Y se
inclinó a mí, y oyó mi clamor."*
SALMOS 40:1

No importa dónde estemos mi esposa o yo en la casa, quizá leyendo, escribiendo o simplemente viendo la televisión. Cuando no estamos cerca de nuestros hijos y ellos están jugando en algún rincón de la casa y sucede algo fuera de lo esperado, como cuando se lastiman, se caen o tienen algún otro problema, ellos saben qué hacer de manera natural: gritan y piden socorro. ¿Por qué? Porque saben que papá o mamá están cerca, escucharán su pedido de auxilio y responderán inmediatamente. Saben que, aunque no nos vean, estamos a un clamor de llegar inmediatamente y socorrerlos.

Dios es así. Pero la ventaja de tenerle a Dios como nuestro Padre, y no a mi esposa o a mí, es que Dios está en todos lados. Él no está limitado por un cuerpo. Sus oídos lo escuchan todo, no es solo algo que está a cierta distancia, y su poder no es limitado para ayudarnos, sino que Él es omnipotente.

Hay algo tan hermoso que se revela también en este salmo: **no solo oye nuestro clamor sino que, el hecho de que se incline hacia nosotros, habla de que siempre está atento, por amor, a nuestro cuidado.** Él no es nuestro sirviente ni nuestro paramédico, ni nuestro prestamista, ni nuestro psicólogo o coach, Él es nuestro amado Padre y será todo lo que sus hijos necesiten que sea en su momento de necesidad. Fue y es mucho más que todo eso; Él es nuestro Salvador eterno.

Dios se inclinó tanto a nosotros para ayudarnos, que llegó a la Tierra en forma de hombre. Y ya en la Tierra, en la persona de su hijo Jesucristo, empezó a servirnos, mostrando así el mejor liderazgo que puede haber.

En una oportunidad leí sobre cómo Dios se inclina a nuestro favor. La historia bíblica se desarrolla el día en que Jesús estaba enseñando en una plaza a muchas personas y escribiendo en la arena, seguramente usando el suelo como un pizarrón improvisado. De pronto, unos hombres irrumpen en plena clase trayendo a una mujer a los empujones y golpes, la cual fue sorprendida en el acto mismo de adulterio.

Fue usada por estos religiosos para hacer caer a Jesús en sus enseñanzas y así poder deshacerse de Él de una vez por todas. La crónica relata este momento así en Juan 8:6: *"Mas esto decían tentándole, para poder acusarle. Pero Jesús, inclinado hacia el suelo, escribía en tierra con el dedo".*

Pero, miren la escena. Jesús, en vez de juzgarla, dice que se inclinó a escribir, seguramente muy cerca de la mujer, ya que la tiraron frente a Él. No sé qué escribió Jesús, ni qué le pudo haber dicho a la mujer cuando estaba tan cerca de ella, la Biblia no lo dice, pero quiero creer que, aunque no le haya dicho nada, su solo silencio, su rostro seguro, sus ojos lleno de paz y su cercanía habrán llenado de perdón y esperanza a esa mujer que aparentemente estaba sentenciada a morir.

Es que Él es así, Jesús tiene la tendencia a inclinarse: se agachó para lavar los pies de sus discípulos, para abrazar a niños, se inclinó para agarrar el brazo de Pedro y quitarle del agua, y como no… para orar en el huerto también. Sobre todo… se agachó para cargar la cruz. Su amor y misericordia tienen que ver mucho con un Dios que se inclina a nuestro favor, así como David lo describió en el Salmo 40:1.

Recuerda:

Dios te ama tanto que está a un clamor de distancia de ti. Dios te presta toda la atención, se inclina y se baja a tu nivel. Te escucha

y mueve su mano a tu favor. No como un empleado a tu servicio, sino como un Padre lleno de amor que se preocupa por sus hijos.

Confía en Él y, cuando tengas que pedir socorro, pídelo a Él. Él se inclinará a tu favor y escuchará tu clamor. Él va a socorrerte, te tomará en sus brazos y te dará paz.

¿Qué me dijo Dios?

_____

_____

¿Qué debo hacer?

_____

_____

¿NO TE SIENTES DIGNO?

*"Sino que lo necio del mundo escogió Dios, para
avergonzar a los sabios; y lo débil del mundo
escogió Dios, para avergonzar a lo fuerte; y
lo vil del mundo y lo menospreciado escogió
Dios, y lo que no es, para deshacer lo que es,
a fin de que nadie se jacte en su presencia."*

1 Corintios 1:27-29

Cuando Dios me llamó a escribir un libro, pensé que era una broma, ya que nunca en mi vida había escrito nada que pasara uno o dos párrafos, y hasta ese poco que escribía me costaba muchísimo hacerlo. Es más, cuando lancé mi primer libro, "Hasta el final", con una prestigiosa editorial norteamericana en la ciudad de Miami, Estados Unidos, fue algo increíble para mí. Fue un sueño hecho realidad. Al volver a mi país, Paraguay, con algunos ejemplares en mano fui y regalé uno de ellos a una ex profesora de la escuela donde estudiaba de chico. Ella se quedó mirándome, estupefacta, pensando también que le estaba bromeando. Me acuerdo que me dijo muy sorprendida: "¡Agüero! ¡¿Vos escribiste un libro?!" La miré con una sonrisa y le dije: "Sí, profesora". Inmediatamente ella se despidió y se retiró, raudamente, con el material en mano.

Cinco horas después, ese mismo día, suena mi celular y, al revisar la pantalla para ver quién me llamaba, vi que era un número desconocido. Al atender el teléfono, escuché una voz que se identificó como la profesora a la cual le regalé mi libro cinco horas antes, y me dijo: "Agüero, ¿qué tal? Te quiero comentar que acabo de terminar de leer tu libro y me parece muy bueno y te felicito". "¡Wow!" - dije yo - "Profe, me honra lo que me dice, pero tengo una pregunta: ¿Cómo lo leyó tan rápido? Sé que lo escribí de manera sencilla, pero tampoco me imaginé que lo pudiera leer tan rápido." Ella me respondió con una voz de sorpresa: "¡Me extraña, Agüero, que piense así! Usted sabe que yo soy una asidua lectora y que un libro de doscientas páginas aproximadamente, como el suyo, puedo leerlo en 4 horas de corrido. Además, apenas nos despedimos, llegué a mi casa y rápidamente me puse a leer el libro y me atrapó. Pero lo que me motivó más a leerlo fue ver si su material no era un 'copy-paste' (copia) de Internet."

Me causó risa su "sinceridad" y, más que molestarme —ya que ella tenía un concepto viejo de mí y conocía al Adolfo que era su alumno cuando ella enseñaba, y créanme que no era un chico muy aplicado—, ahí vi una oportunidad de predicarle de Cristo. Le hablé de que ella conocía al "viejo" Adolfo, al de antes, pero que ahora Cristo hizo de mí una nueva criatura, que era, incluso, capaz de escribir libros. Así como dice en 2 Corintios 5:17: *"De modo que si alguno está en Cristo, nueva criatura es; las cosas viejas pasaron; he aquí todas son hechas nuevas".*

Usé también este versículo de 1 Corintios 1:27-29, y le dije que Dios busca muchas veces estas características en una persona para usarla, y también para quitar las excusas que podamos tener ante Él para considerarnos no aptos para servirle, seguirle o amarle, ser perdonados y usados en su gracia.

Así que no sé cuál sea tu situación o cómo te sientas. Dios te quiere y te puede usar, y si consideras que no eres digno para que Él lo haga, es ahí donde creo que es cuando más apto estás.

Dios es así. Él no mira tu cuna, tu bolsillo, tu intelecto, contactos, país, barrio, apellido, ni nada de eso para usarte. A Él le encanta agarrar a los menospreciados por este mundo para hacer locuras y escribir historias impresionantes en la humanidad a través de ellos, para que al final reconozcamos que solo Él se puede llevar toda la gloria y honra.

Estoy seguro de que Él también capacita al que llama. También pone en el corazón y la mente de sus hijos la necesidad de prepararse para servirlo con mayor excelencia siempre.

Recuerda:

Estate atento. Si consideras que tienes estas características descritas en 1 Corintios, estoy seguro de que eres un fiel candidato o candidata para que Dios te use con poder, y su nombre sea glorificado por lo que hizo a través de ti.

Así como hizo conmigo, puede venir un día (o quizás ya lo hizo) y pedirte que hagas una "locura" para su gloria y honra. Te pedirá algo que también puede bendecir tu vida, la de los tuyos y quién sabe de cuántos cientos o miles de personas más. Porque al final la obra no es tuya, es de Dios, y a Él le gusta hacerlo así.

Mucha fuerza, fe y paciencia. Estoy seguro de que Dios te usará y bendecirá en su gracia.

¿Qué me dijo Dios?

_____

_____

¿Qué debo hacer?

_____

_____

REFLEXIÓN 49
BENDECIDOS PARA SER DE BENDICIÓN

"Y haré de ti una nación grande, y te bendeciré,
y engrandeceré tu nombre, y serás bendición."
GÉNESIS 12:2

Uno de los principios que mis padres siempre nos inculcaron desde niños es que, si Dios nos bendice, es para que nosotros podamos bendecir a los demás. Y esto es bíblico.

Siempre nos instaron a conquistar y alcanzar más, pero siempre nos dijeron que si Dios nos da es por gracia, y que deberíamos compartir generosamente aquello que generosamente Dios nos dio.

Y así lo hemos hecho, no solo en lo material, sino también en tiempo y consejo. Sabemos que ser bendecidos en muchas áreas es muy bueno, pero de igual manera es una gran responsabilidad ser también personas de bendición para otros, en gratitud a lo que Dios nos da. **Entendemos que no hay nada que podamos darle a Dios que Él no nos haya dado primero.** Entonces, necesariamente se desprende esta pregunta: ¿Y cómo entonces agradezco lo que Dios me da? Pues bien, una de las formas es dándole al que lo necesita. En un necesitado estoy seguro que se encuentra Dios, que te indica ayudarlo y bendecirlo.

Una vez me dijeron que el dinero es como el estiércol; todo junto y amontonado huele muy mal, pero esparcido abona. Esto también podemos aplicarlo en todas las demás áreas y cosas de la vida, no solo con los recursos económicos, sino con todo. Siempre tenemos una palabra que alguien nos dio que puede servirle a otro. Siempre tenemos un poco de tiempo que podremos regalarle a alguien más, escuchándolo y sirviéndole. Siempre tenemos un conocimiento o talento que podamos compartir con alguien más que no lo tiene y lo necesita. Y así, podríamos ser de bendición para otros.

La Biblia dice que: *"A Jehová presta el que da al pobre, Y el bien que ha hecho, se lo volverá a pagar"* (Proverbios 19:17). ¡Qué bueno es Dios! No solo nos bendice para que podamos ser de bendición sino que, si bendecimos al que necesita, dice que el bien que hacemos se nos volverá a pagar.

Te pregunto ahora: ¿Te sientes bendecido en alguna área, o en muchas, o en todas? Si es así, sinceramente: ¿para quién estás siendo de bendición también? Te invito y desafío a que todos los días seas de bendición para alguien más, ya que alguien más fue de bendición también para ti. Dios te bendijo de una manera especial. ¿Cómo lo sé si ni siquiera te conozco? Sencillo; por muchas razones que ya sabes tú, por ejemplo: si estás leyendo este libro es porque tienes vida, y la vida es una bendición, y la vida es tiempo. Bendice a alguien con tu tiempo.

Así mismo, si estás leyendo este libro, eso me habla de que puedes leer. ¿Y eso qué?, me preguntarás. ¿Cómo es eso una "bendición"? Sencillo, miles no lo saben hacer por A o B motivo, o ya no lo pueden hacer por algún problema. Así que puedes ir a algún lugar a bendecir a alguien leyéndole un libro o enseñándole a leer: ir a algún orfanato, a algún hogar de ancianos, junto a algún olvidado o solitario, etc. Puedes escribir una carta de bendición para alguien que lo necesita. Comparte, bendice, habla, siembra, ayuda en todas las formas que puedas y en todos los lugares que puedas.

Como leí una vez en un hermoso escrito hecho por una mujer a quien admiro mucho:

Las personas son irrazonables, inconsecuentes y egoístas, ámalas de todos modos.
Si haces el bien, te acusarán de tener oscuros motivos egoístas, haz el bien de todos modos.

Si tienes éxito y te ganas amigos falsos y enemigos
verdaderos, lucha de todos modos.
El bien que hagas hoy será olvidado mañana,
haz el bien de todos modos.
La sinceridad y la franqueza te hacen vulnerables,
sé sincero y franco de todos modos.
Lo que has tardado años en construir puede ser
destruido en una noche, construye de todos modos.
Alguien que necesita ayuda de verdad puede atacarte si
lo ayudas, ayúdale de todos modos.
Da al mundo lo mejor que tienes y te golpearán a pesar
de ello, da al mundo lo mejor que tienes
de todos modos.

(Madre Teresa de Calcuta)

Recuerda:

Pienso y medito en esto, que lo único que llevamos al partir de esta vida es lo que dejamos en la vida de los demás. Legados de bendición en todos los sentidos y en todas las áreas, eso es lo que importa, vale la pena y es eterno. ¡Hazlo de todos modos!

Bendice, bendice y bendice. Dios ya lo hizo contigo; en tus manos está hacerlo ahora con otros.

¿Qué me dijo Dios?

_____

_____

¿Qué debo hacer?

_____

_____

REFLEXIÓN 50
TODO PARA SU GLORIA

*"Si, pues, coméis o bebéis, o hacéis otra cosa,
hacedlo todo para la gloria de Dios."*
1 CORINTIOS 10:31

En los detalles se logra y está la diferencia. Hacer lo ordinario de una manera extra lo convierte en extraordinario. Ahora bien, ¿cuál debería ser nuestro estándar, parámetro o regla para poder entender que algo dejó de ser "común" u "ordinario" y empezó a ser excelente o extraordinario? Bueno, quiero contarte y compartir contigo lo que aprendí hace un tiempo.

Una vez me explicaron que este versículo de 1 Corintios 10:31 es una guía hacia una vida de excelencia. Esconde un principio importantísimo acerca de cómo debemos hacer las cosas, y hacerlas bien. Habla sobre el parámetro o estándar, la regla que debemos seguir para realizar cualquier cosa.

El principio y la regla es: todo lo que hagamos tiene que ser para la gloria de Dios. Lo que sea, como dice este versículo, desde lo más básico y cotidiano como el comer o beber hasta lo más inusual o trascendental, debe hacerse para la gloria de Él.

Y al decir todo, es todo. No "algunas cosas" o "muchas cosas", o "la mayoría de las cosas". Es tan clara la Palabra cuando expresa que TODO lo que hagamos tiene que ser para su gloria.

Y el momento de hacerlo es ahora y en esta vida; después ya no hay oportunidad como dice en Eclesiastés 9:10: *"Todo lo que te viniere a la mano para hacer, hazlo según tus fuerzas; porque en el Seol, adonde vas, no hay obra, ni trabajo, ni ciencia, ni sabiduría."*

Si vas a escribir y lo que escribirás no está bien, no comunica algo bueno, digno de un creyente y, por ende, no glorifica a Dios, no lo hagas. Si vas a ver una película y sabes que esa película es

149

obscena o que tiene partes o escenas que no aportan, confrontan o edifican algo en tu vida, eso no glorifica a Dios, no la veas. Si vas a corregir a tus hijos o a alguien con ira y no con amor, sabiendo que de esa manera a Dios no le agrada, no corrijas así. Si vas a hablar de alguien a sus espaldas y además no sabes si lo que vas a decir es cierto, no lo digas, no lo comentes, no lo hables porque el chisme estoy seguro que no glorifica a Dios y no le agrada. Y así, vas filtrando las cosas a través de su gloria y para su gloria.

Todo lo que hagas, cerciórate que pase por el filtro de Dios, en el sentido de que sea algo que, si tuvieras la oportunidad de presentárselo a Él, sepas que le agradará de tal forma que le inspirará una sonrisa.

Estoy seguro de que si usamos este filtro, ya nuestro actuar no será ordinario, no será igual; no importa si es algo trivial o cotidiano, o algo trascendental o muy importante. Todo será excelente, buscando justicia de manera objetiva, piadosa, agradable, bueno, de altura, etc.

Si lo haces de esta manera, no solamente a Dios le agradará mucho, sino que también tú y los tuyos serán los beneficiados con los resultados que tendrás.

Recuerda:

Tus estándares de vida no deben ser regidos o comparados con lo que este sistema del mundo cree. Tus estándares de vida y excelencia tienen que ser los que Dios te da para su gloria y honra siempre. Niveles elevados de excelencia expresados con humildad.

Glorifica a Dios en todas las cosas que hagas. Entonces, todo lo que hagas será excelente. Lo excelente no tiene competencia, todos lo disfrutan, y exalta el nombre de Dios.

¿Qué me dijo Dios?

_____

_____

¿Qué debo hacer?

_____

_____

ÉL ES NUESTRO PRONTO AUXILIO

"Dios es nuestro amparo y fortaleza, Nuestro
pronto auxilio en las tribulaciones."
SALMOS 46:1

Cuando era niño, jugábamos con mis hermanos y amigos en el patio trasero del local comercial de mis padres. En ese entonces, aquel lugar era un pequeño "bosque" (era realmente un patio baldío enorme con árboles muy grandes). Este lugar colindaba con un club de básquetbol que aún existe ahí. Entre el bosque donde jugábamos y una de las canchas de básquetbol que tenía el club vecino, había una muralla muy alta que los separaba. Creo que medía unos cuantos metros de altura.

En una oportunidad, trepado ahí en la muralla, caminando como si fuera una cuerda floja, con las manos extendidas a mis costados y los pies dando pasos uno delante del otro bien juntos, tuve un traspié, pisé mal y empecé a caer. Ocurrió todo como en cámara lenta. Me acuerdo que traté de sujetarme de algún lado y de algún modo, pero fue imposible. La caída empezó y lo único que la iba a parar era el piso de la cancha de abajo.

Para un niño de entre 8 y 9 años, como los que yo tenía en ese momento, era realmente muy alto el precipicio en el que estaba cayendo. Hasta podría haberme causado la muerte de haber caído de cabeza, por ejemplo, o en el mejor de los casos, me habría roto algún hueso. Pero, para mi bendición, caí parado como un gato, y tenía puestos unos calzados tipo tenis de caño largo, tipo bota, y con cámaras de aire en la plantilla. Tan fuerte caí que el impacto logró que se reventaran esas cámaras de aire que llevaba el calzado en la plataforma. Fue tan estruendosa mi caída que, junto con mis gritos, llamó la atención de mis amigos, que no vieron cuando iba cayendo, pero sí vieron cuando ya caí.

Por milagro de Dios no me rompí nada, ni un hueso, ni siquiera me fisuré el tobillo, aunque quedé con un fuerte dolor en la espalda y las piernas por algunas horas, pero nada que no podía manejar con la ayuda de mis amigos para poder volver a mi casa caminando luego del accidente.

Mientras ellos me ayudaban, llevándome de hombros, les pedía por favor que lo hicieran con cuidado, ya que no quería caerme mientras cruzábamos las graderías de medio metro de altura de las canchas. Qué irónico, me acababa de caer de una pared de varios metros de altura, pero ahora pedía que por favor cuidaran de que no cayera de una grada de algunos centímetros. Entiendo que el shock y el temor hacían que pidiera que tuvieran cuidado al moverme.

A veces somos como el pequeño Adolfo. Dios nos protegió de una caída desde mucha altura y, sin embargo, no estamos dispuestos a confiar que Él nos vaya a proteger en el siguiente escalón de 50 cm. También es el temor lo que nos mete la duda y, como seres humanos imperfectos, somos de fallar, equivocarnos, nos enfermamos, nos podemos morir, los problemas nos quitan la paz, las presiones de la vida nos desgastan emocional, física y espiritualmente; las personas nos discriminan, los criticones nos ofenden y nos llenamos de un miedo que nos roba la esperanza.

Pero es ahí cuando, antes estas y otras muchas situaciones, debemos tener en cuenta las palabras de esta reflexión: Él es nuestro pronto auxilio.

Ante las tormentas, aflicciones y luchas de la vida, pensamos y nos sentimos abandonados, pero es justamente ahí donde ocurre justo lo contrario: Él está ahí. Es en esos momentos cuando somos, más que nunca, objetos del cuidado de Dios y de su amor eterno, misericordioso y poderoso. Cuando nuestra visión se nubla, hay dudas en nuestro corazón y nuestra fe se diluye en la incertidumbre. Aunque muchas veces no veamos a Dios, Él sigue ahí presente. Él es nuestro pronto auxilio, siempre.

Recuerda:

Estoy seguro de que Dios te guardó y te ayudó en situaciones muy grandes y difíciles. No importa cuán alta o baja, grande o pequeña sea tu tribulación. En todo, siempre Él está. No dudes hoy que Él te puede ayudar en aquello que estás atravesando ahora. Dios es tu pronto auxilio en las tribulaciones hoy y siempre. ¡Créelo!

¿Qué me dijo Dios?

_____

_____

¿Qué debo hacer?

_____

_____

AYUDA A LOS DEMÁS

"Ninguno busque su propio bien, sino el del otro."
1 CORINTIOS 10:24

Ayudar a otros a conseguir lo que ellos quieren o necesitan nos ayuda a nosotros a alcanzar también lo que buscamos. Este es un principio básico que trato de usar diariamente en mi vida. Hay algo poderoso en ayudar a otros. Es una cuestión de siembra y cosecha, digo yo.

Hay una historia que quiero contarles. Creo que se adecúa para ejemplificar este versículo. En una oportunidad, un empleado de una empresa fue a recibir a una persona extranjera, un ejecutivo de la misma empresa multinacional donde trabajaba él, que vino a vivir a su país por temas de trabajo. Este hombre tenía que ayudar a este extranjero para establecerse y hacer todo lo posible para que este se sintiera a gusto.

El ejecutivo pidió ayuda al hombre que lo recibió, solicitándole que lo acompañara a comprar algunas cosas que necesitaba. Este hombre lo hizo, ya que esa fue la misión que le dieron en el trabajo. Sin embargo, no se encontraba muy contento, ya que consideraba que era una función de un rango menor a la que él estaba designado. No obstante, igual lo hizo. El ejecutivo le indicó solo una cosa: quería lo mejor, y que él lo llevara a donde pudiera conseguirlo y le diera su recomendación. Compraron de todo, y este hombre lo ayudó con la mejor de las ganas. Compraron cosas para la casa: televisores, heladeras, algunos muebles, otros electrodomésticos, etc. Con muy buena actitud lo ayudó y, al cabo de unos días, este ejecutivo terminó las compras, le agradeció y él volvió a sus funciones.

Quedaron amigos entre ellos, aunque ya no hablaron más, quizás por las múltiples actividades del ejecutivo o porque sus círculos sociales y laborales ya no coincidían. Se cruzaban y se saludaban muy cordialmente en la empresa y, de vez en cuando, se cruzaban una que otra palabra de cortesía, pero hasta ahí, nada más.

Al cabo de 10 meses, el ejecutivo fue ascendido y trasladado nuevamente a otro país, por la misma empresa. Le pidieron al mismo hombre que lo recibió, que lo volviera a ayudar para gestionar todo lo que pudiera para que se fuera tranquilo. Lo llevó al aeropuerto, lo despidió con un abrazo y el ejecutivo le pidió que fuera hasta la casa donde vivía para ver si dejó todo en orden y para entregar a la inmobiliaria la llave. Cuando llegó a la casa este hombre, luego de la despedida, entró a la sala y vio todas las cosas que habían comprado en esos primeros días (televisión, heladeras, electrodomésticos, bicicleta, algún mueble, etc.) acumulados ahí con una carta escrita por este ejecutivo, que decía: "Gracias por tu amistad y ayuda, que disfrutes estas cosas con tu familia. Ten en cuenta que ayudar a otras personas a conseguir lo suyo, tarde o temprano, retorna a ti a tener lo que quieres".

Entendamos que la ley de la siembra y cosecha es algo muy importante que debemos tener en cuenta.

La Biblia dice en Gálatas 6:7: "*No os engañéis; Dios no puede ser burlado: pues todo lo que el hombre sembrare, eso también segará*". Dios mira todo y a Él no se le puede engañar. Pero lo que quiero destacar en este versículo en particular es la segunda parte: "*… pues todo lo que el hombre sembrare, eso también segará*". Aunque este versículo habla de un contexto particular en la Biblia, yo lo tomo también para todas las áreas de mi vida y en cuanto a todo lo que hago. Más aún si ayudo a otro a alcanzar y lograr lo que Dios puso en su corazón.

Recuerda:

Siempre que esté en tus posibilidades, ayuda a alguien y busca su bien. Será un bálsamo para tu alma y Dios lo verá con agrado.

Tarde o temprano, en algún lugar, cosecharás esa siembra de amor y de obediencia a Dios.

¿Qué me dijo Dios?

_____

_____

¿Qué debo hacer?

_____

_____

Fin.-